U0048594

My Stage My Dream

如歌年少‧孫越

天地有感，誰能無情？
僅以此書紀念我那同一時代的戲劇伙伴們。

自序

　　從小，我就愛看天上的雲，直到老來，也未改其趣。有時兒孫開車，行進間，每遇一朵，一塊或一堆彩雲奇布，有的看似惡魔在張牙舞爪，有的就如天使帶著車隊在翱翔，也有像慈祥老人對魚群說故事，更有的如北極熊在跟老鷹纏鬥。雲朵的變化千奇百怪，異象萬千，抬頭望去，真是目不暇接。

　　有次飛往美、加工作，起飛前，從機艙的窗子外望，只見機身漸漸離地騰空，穿雲而上，突然想到，我這不也跟「駕鶴西去」差不多嗎？

　　甭說是現在，就算是在我未信耶穌之前，每遇趣事，興奮之餘，那管啥叫忌諱。

　　一九五五年平生第一次搭乘飛機（軍用C46）前往金門去勞軍，在登機門前，我就如電影中那些要人般，轉過身來，向歡送的人群（一個也沒有）搖手致意，由於興奮，我說了句重要的話：「各位，來生再見啦！」（你敢嗎？）

　　從小就好奇，好玩，又好問，也好學著玩兒，就是不夠自戀。靠著沒事兒的幻想，這一生過得樂趣無窮。

　　開放大陸探親，我回到上海與久別的小姑媽相見。有天靠近黃昏，在弄堂口見那位鄰居老阿嫂，又在賣她現炸的「臭豆腐」，我買了兩盤與姑媽分享之餘，就指著那小豆腐攤旁的油鍋跟姑媽說，妳知道我在台灣是幹哪行的？告訴妳，我也是賣臭豆腐的，我跟阿嫂是同行！說著我將鍋邊的另雙筷子拿起，立馬幫著炸起鍋中的臭豆腐，極像行家出手，姑媽笑，賣臭豆

我在上海小姑媽家後門炸臭豆腐，小姑媽（左一）、賣臭豆腐老鄰居（左三）、
孫越（右二）、果菜販（右一），一九九三。

腐的阿嫂也笑，我心裡更樂。其實炸臭豆腐我也是第一次，至於炸油條，那可真練過，當年拍電影，夜戲若是收工早，天還未亮，就在回家睡覺前，守著巷口的「豆漿店」等師傅將油條擀好，我就幫著一起炸，好玩兒嘛！我覺得，那年頭兒，我們這些軍中出身的演員好像都愛玩兒。

我出這本書，就是秉著這種趣味心理與我的讀者分享一甲子前「軍中劇隊」的生活經驗。

請給予指教。

目錄

第二輯

歲月如流，難得青年心爽快！

記一九四九～一九六三的軍中劇隊生活

附錄

一九六三之後

往事如歌，
我和我的從前

記童年與生活趣事

我被逼著學京戲

左｜我的父親：孫秉衡先生，攝於上海。

右｜一九九七年，帶兒子向竹同赴大陸探親，與我老舅拍於天津「永興票房」
　門前。我的老舅解放前曾在天津「永興票房」做過工友，以及兼代當琴
　師不在時為票友拉胡琴。後面就是即將拆除的「永興票房」。

　　父親在我五歲的時候，從上海總公司調到天津的「德商西
門子洋行」，是負責業務。他，入境隨俗，開始隨朋友去「票
房[1]」。父親去的是「永興票房」，他學譚富英的「譚派[2]」，並順
道也將我母親拉進去，一起玩票，母親大概有點慧根，一學就

1　一群京劇戲迷出錢請行家說戲（教戲）、彩排、演出、捧名角兒。

2　為著名京劇表演藝術家譚鑫培所創之派別，譚富英為譚鑫培的孫子。

像個樣，後來在票友裡還有點小名氣，唱的是「余派[3]」。

　　當時，只要碰上有哪一省鬧旱災或水災，這群票友就會被請到電台「清唱」募款；再不就到張善人花園清唱，也是義務戲，募款捐錢。票友不能光唱，自己也得掏腰包出錢，在那會兒，票戲，就是這派頭兒。

　　家裡每週三、五會請琴師來調嗓子，禮拜六下午到票房去唱唱。

　　票房二樓有個小舞台，下面有五、六排座位，地方小沒後台。樓下是客廳，大伙兒聊天，打牌帶調嗓子都在那兒，彩排扮戲也在那兒。每回到票房，大伙兒見我到處亂跑的礙事兒，於是有「高人」出主意，叫我也學戲，先學《三娘教子》裡的薛義哥唱：「小薛義，在學中，懶把書念，懷抱著，聖賢書轉回家園，同學們，一個個說長論短，他道我，無親娘好不慘然，因此上，回家去與母分辨，又只見，老薛保（老佣人）站立門前。（接著道白）娘啊，我回來啦。」就這幾句，我就是唱得不對味兒，琴師跟我媽講，我看少爺先學個數板兒玩兒吧。

　　因此就教我《黃金台》的門官兒。我跟著聽了幾遍，會了。數板兒是這麼著：「做官兒好（這是叫板）！～～做官兒好、做官兒妙、做官頭戴著烏紗帽，奉旨回家去祭祖，左邊機關槍，右邊兒迫機炮，到了墳地窟噔、窟噔三聲炮，倒把祖宗嚇了一

3　為京劇表演藝術家余叔岩所創立之門派，譚鑫培徒弟。

跳。老祖問少祖，少祖說我也不知道，咱家哪有讀書子，哪裡來的這榮耀，真真可笑，是真真～～可笑。」大伙兒聽了都說：「祖師爺賞這孩子飯吃。」

這以後我愈數愈溜，到處「數」給人家聽，就等著人誇我。

一天在教室，我一高興就站在講台上數：「做官好、做官兒妙……」學校都搖鈴上課啦，我還是衝著同學們數，「老祖問少祖，少祖說我也不知道，咱家哪有讀書子，哪裡來的這榮耀，真真可笑……」這時全班同學都呆呆地看著我，我一轉身，只見國文老師鐵青著一張臉。結果我在這情況下，還是數完那句：「是真真可笑、是真真可笑。」這回兒班上沒一個笑的。

這堂課，同學在教室裡上課，我在教室外對著牆罰站，嘴裡還念著「老祖問少祖……真真可笑、是真真可笑。」彷彿還聽到教室裡老師在嘆息：「唉，孺子不可教也！」

進「大煙館」

照說，小孩兒是不准進「大煙館」的，但父親不知用了哪一招，每回我就跟著在他前後左右地進去了。從頭次進去，我就被「大煙館」裡的景物所吸引，對個五、六歲的孩子來說，那「大煙館」太好玩兒了，比戲園子看武戲、電影院裡看鬥劍好，連「澡堂子」都比不過。

大煙館多半都設在日租界，平房，有院子，院裡能停私人膠皮（人力車）。厚門簾，一掀簾子進去，就香撲撲的味兒，一長排靠牆的炕，炕上躺著滿炕的人，卻又井然有序，各個守著「煙盤子」，有兩個人對抽的、臉對臉；有一個人獨抽的，但大煙館裡就是沒堂客（女客）。

父親帶我穿過通舖，進到裡間兒，又是一幅景象，炕上擺的零碎兒考究多了。除了大煙盤子裡必備的，像煙槍、煙斗、煙燈、火柴盒、煙罐子、煙籤子、鑷子、挖煙灰的刀子之外，另外還有裝鮮貨（水果）碟子、削水果的、雪亮雪亮的小薄刀、抽煙的煙灰缸，可說一應俱全。

這且不說，更有穿梭其中那些賣古董字畫兒、賣翠玉寶石的、賣滷味的、賣糖堆兒（糖葫蘆）跟賣煎餅粿子（油條）的，更有專賣上等煙斗煙槍的。父親邊抽邊跟「朋友」談生意，我從小就坐不住，總愛跑到大通舖那邊看，最喜歡看賣「蟈蟈⁴」的，他們也逗蟈蟈，好像是賭錢，有時賣字畫的來還帶著神祕

4　又稱「哥哥」，為節肢動物門昆蟲綱直翅目螽斯科，身體呈綠色或褐色，雄性有翅個體在前翅附近有發音器，通過左右兩翅摩擦而發音。

左｜我的祖父孫松筠先生，攝於上海。
右｜我的祖母，攝於上海。

兮兮的笑容，跑到裡間兒找客人。這時，父親就會讓我到外邊去玩（後來長大了一捉摸，他們敢情是在看「春宮」〔又稱『避火圖[5]』〕啊！）。

我最喜歡賣滷味的豬肝兒、雞胗、鴨胗，還有在煎餅粿子裡灘上雞蛋，都比買回家的好吃。

再大點，我有些見識了，可還是想不通，就是我們在淪陷區的「大煙館」全是跟日本有關係的人所開的，日本人發的執照、日本人還收「大煙館稅」，那又幹嘛還播放李香蘭在電影《萬世流芳》裡唱「煙盤兒富麗，煙味兒香，煙斗兒精緻，煙泡兒黃。斷送了多少好時光，改變了多少人模樣……」勸人戒菸的歌呢？

5　舊時，有的人認為性交可以避鬼神，因此也把春宮圖叫「避火圖」，只要將之掛在房樑上，火神就會退避三舍。

轉學證明是賣報

「啦啦啦！啦啦啦！我是賣報的小行家。大風大雨我賣報，一邊跑一邊跳，今朝的新聞真正好，一個銅板就買兩份報！」這是我們家住上海時，弄堂裡幼稚園教的歌。幼稚園叫什麼名字忘了，只記得那位男老師教大家唱「啦啦啦！啦啦啦！我是賣報的小行家……」時，他一邊彈著風琴，一邊教我們唱。班上我最小，但嗓門兒算是特大的，扯著嗓子喊「啦啦啦！啦啦啦！……」所以老師最喜歡我。

左起岳偉（昔日台灣軍中鼓王）、後為徐少英（前天津電視台副台長），他是我同為三〇年代天津基督教女青年會同學，中間坐著的正是我們當年幼稚園老師鄭汝銓先生，攝於一九九四天津。

　　沒啦啦幾天，父親被調到天津，於是舉家坐著大火輪（輪船）就到了天津。在英租界租好了房子，安頓之後，隔天早上就送我去英租界的小白樓女青年會幼稚園。高高的大樓，教室卻在「地窖子」裡，我算插班生，老師是女的，姓鄭，漂亮！

　　鄭老師問我：「孫越小朋友，你上過幼稚園嗎？」我說：「我會唱歌！」老師回：「那你唱給我們聽聽。」我就跟在上海一樣，扯著嗓子「啦啦啦！啦啦啦！……」哈！不唱則已，這一唱，全教室靜得一點聲音都沒有，也沒人拍手，老師也沒誇我。

　　我呆呆地杵在那兒，老師愣了半天，轉過頭來問我父親：「請問，你們是從哪兒來的？」

　　後來全班的小朋友都喜歡找我，讓我用上海話唱「賣報歌」給大伙兒聽。

　　「啦啦啦！啦啦啦！偶師麻包地小航嘎～～精遭哥星翁增增豪，依哥同擺就麻兩奉報。」。

　　我成了班上最受歡迎的小朋友了。

有樣學樣

住天津英租界「耀華里」的時候，我最羨慕「六條」（巷弄名）裡有個孩子，比我還小，可他家大人允許他端著碗蹲在門口吃飯，看他那份過癮哪！我賴著不回家，就是喜歡看那家賣燒臘的廣東孩子吃飯的樣兒。他一個大碗，滿滿的飯不說，而飯上蓋的都是臘味，紅的、黑的臘腸，還有我最愛吃的肥瘦都有的燒臘肉。

廣東孩子吃完飯，轉身回家做功課，天黑了，我沒看頭了，磨磨蹭蹭，這才滿腦子不情願地回家吃晚飯，進門又挨張媽（女佣）一頓罵：「少爺！我就等你吃完我好洗碗吶。真是，老爺、太太不在家，你就神氣啦。」但我心裡話是，妳才神氣吶，他們不在，妳就會欺負我。

一九三九年暑假，天津鬧大水（水災）後，我們搬到「福兆里」。這下我苦啦！每天中午放學，就處在兩難之間。一是急著回家聽侯寶林、郭啟儒的相聲；二是胡同口，大餅舖的馬路邊兒上，總有兩三個拉膠皮（人力車夫）的，圍著一個賣大碗茶的婦人，他們左手端著熱騰騰的大碗茶，右手拿著一張捲了甜麵醬跟粿子（油條）夾大蔥的大餅，一口大餅、一口茶，抽空還跟賣茶的女人搭上幾句。這街景，讓我每次看得都忘了回家聽相聲。

那天禮拜六，中午電台沒侯寶林的相聲，我一口氣小跑步趕到胡同口，不為回家吃飯，只想多看幾眼他們咬一口大餅、喝一口大碗兒茶的勁兒。我看著、看著，一甩頭，衝回去，直

奔廚房找張媽，我說：「張媽！我要吃烙餅，妳給我烙張大大
的餅，我要夾大蔥，我要夾麵醬，家裡有粿子我還要夾粿子。」

接著我自己到櫥櫃找了個大碗，碗夠大，但不夠粗，將就
著倒上茶，捲著大餅就跑到胡同口，蹲在那兒，眼瞅著對街吃
大餅的車夫們。我大口大口地咬著，再衝著他們大口喝茶，心
眼兒裡剛有點樂。突然「啪」的一聲，我脖子上一陣痛，大碗
也砸碎了不說，大餅也掉到地上，就聽那個「一人打三個」的
張老三罵著：「你這死孩子不學好，放學不回家。給我滾！」
連罵帶踢，我哭著回家時，彷彿還聽他罵：「個死孩子，沒出
息，早晚餵狗！」

我極愛這個感覺，因為我身後的背景，會讓我想到聖經上說的「外體雖然毀壞，內心卻一天新似一天。」所以請表弟為我拍照留念，攝於天津。

上「澡堂子」洗澡去

常跟父親去的澡堂子叫「華清池」，與「春寒賜浴華清池」楊貴妃洗澡的地方毫不相干。

我們父子是去天津法租界，綠牌兒電車道「勸業場」的「華清池」澡堂子，對面是「光明電影院」，專演中國電影，像胡蝶演、王獻齋、洪警鈴演的《火燒紅蓮寺》與《姊妹花》；王引的《303大血案》；湯傑的《王先生吃飯難》；韓蘭根、殷秀岑、關宏達，還有那會兒叫藍蘋（後來嫁毛澤東的江青）的滑稽片等等，都在光明電影院放映。但有時也會有「京劇」，像李盛斌、賀玉欽的《三岔口》、《時遷偷雞》及小劉鴻聲的《斬經堂》、《風波亭》都是在光明看的。

跟父親進澡堂子，一來是那樣地洗澡好玩兒，二來還或許又碰上小五那孩子。小五是不是華清池掌櫃的兒子？我也不清楚，反正他在那兒都熟。

跟我長的差不離大，澡堂子像是他們家開的，他在澡堂子，哪兒都跑，也沒人管他。有回他帶我跑到三樓，就是「家庭池」燒鍋爐的後牆邊，在那兒已有了個小窟隆，他壓低了嗓門兒叫我往裡瞧。我過去順著他手指的「小洞」往裡一看，可不得了啦！敢情裡邊有一個女的跟一個男的都脫得光光的在洗澡呢，嚇得我撒丫子就跑回二樓，假裝沒事兒，心可跳得賊快，也沒敢告訴父親。

「華清池」分三層，沒有一樓，一樓等於是室內台階，分兩段，加起來大概有小二、三十階。管二樓就叫一樓，是「大

眾池」，一般下層社會去洗的地方。家裡拉車的大田每回把我
們爺兒倆送到「華清池」總會順嘴向我父親說句：「老爺！跟
您告個假，我也在下邊兒抹一抹！」二樓是雅座，大大的一個
大堂，兩人一個小空間，兩張床，面對面，誰都看得見誰。兩
張床中間是個床頭櫃，櫃子上放茶壺茶碗兒，菸灰缸跟火柴，
還有當天的小報[6]。脫下的衣裳，大氅都掛在房頂搭的架子上，
誰都看得見，誰都偷不走。

　　二樓是我熟的地方。比方說，進門兒就是櫃台，除了管帳
的，還站著幾位伙計，他們這工作的行話叫什麼？不知道，反
正這些伙計們全是「老ㄊㄚˇ兒[7]」，華清池管（伺候）我們爺
兒倆的楊頭兒，高個兒、瘦，連眼睛都會笑，就是臉上沒長肉。
每回楊頭兒一瞅見我們來啦，立馬過來跟父親微微地打個「牽
兒[8]」：「孫二爺您跟少爺來啦！」然後衝我一轉身，我熟練地躥
到他背上，他就背著我滿屋子地跑，要全大廳地跑完一圈兒才
算結束，我笑，他喘著，也跟著笑。

　　澡堂子洗澡，我看最好玩的是在「池子」裡的人。常有人
泡舒服了，就會喊兩嗓子，別看喊兩嗓子，什麼「頭帶著紫金
盔，齊眉蓋……頂啊……」要不就是「孤王酒醉在桃花宮，韓

6　專登娛樂、花邊及各戲院、雜耍園子演出節目的報紙。
7　河北唐山、樂亭一帶口音的人稱，在當年北平、天津的剃頭的師傅、澡
　　堂子搓背、捏腳的、修腳的，都是老ㄊㄚˇ兒。
8　滿清遺留下來的禮節，到了民國，下層社會仍還沿用著。

素梅生來好貌容⋯⋯」我總覺得他們像是魚，在水裡待久了，伸出頭來換換空氣似的。

澡堂子除了洗澡，還有賣滷味跟賣青果、糖堆兒、鮮貨的穿梭其間。澡堂子有剃頭理髮的、擦皮鞋的，還有你脫的內衣褲可以馬上替你洗，馬上乾，敢情是他們將洗好的衣褲隨手放到鍋爐邊兒，一烘就很快乾了，還給燙好，絕不擔誤客人的事兒。

澡堂子一般熟客都不用收現金，用「折子（天津叫ㄓㄚˇ子）記帳，三節算帳（端午節、中秋跟過年），都是平常伺候熟客人的伙計們在早上挨家挨戶去收帳，我們家都歸楊頭兒收。

有回我學校下課就直奔「華清池」，沒吃東西就洗澡，結果「暈堂子[9]」，楊頭兒叫膠皮（人力車）親自送我回家，後來年下收帳，除了「帳」、小費之外，父親還特別送給了楊頭兒一塊做長袍的料子。

9　空腹洗熱水澡而暈倒。

可可的滋味

晚餐，上完主菜後，又吃了甜點，接著端上來的是我最近才改喝的「黑咖啡」。

幾口之後，發現外孫們喝的竟是一種與我不同卻又相似的熱飲。問過一句，弟弟將其中一杯端給我嚐嚐。抿了一小口，與我童年的味道似乎一樣，是「可可」，這讓我一下子跌進了時光隧道裡。

那是三〇年代初，我才五、六歲，在寒冷冬天的黃昏，父親領著我走進「英國球場」讓我去學溜冰。那冰場搭在球場上，像一個大大馬戲團的棚子。裡邊繞著棚子的是一大圈跑道，男男女女、中國人、外國人，老老少少都歡歡喜喜地在跑道上面跑著。由於天寒，每個人嘴裡都吐著白氣。

跑道中央是塊長方形隔開的兩個區。一邊是「練習區」，常常有人在摔跤，後來自己學會了之後，才知道另一個方方的區塊叫「表演區」，是給溜冰高手預備表演的。反正在場的每個人都在動，還有人坐在木椅上，兩隻穿著冰鞋的腳踩在冰上划，後面由一位會溜冰的推著椅子跑。冰場的棚頂上按著擴音器，大聲播放著華爾滋舞曲。

父親把我交給了一個白俄婦人，她幫我脫下大氅，讓我乖乖坐好了，接著給我脫鞋子，再換上父親在十天前帶我訂做的那雙小冰鞋，是「花式刀」冰鞋（花式刀是雙刃，跑得慢，較安全）。我像似進了迷宮，張大眼睛只顧看熱鬧時，父親遞給我一杯「可可」，那是我童年冬天最愛的飲料。我一口一口地

喝著，之後父親又給我一個「油包」，也是俄國人做來賣的，有蛋塊有肉末。我又一口、一口吃著，那感覺要比我在溜冰場外吃過的所有好吃好喝的都好，好上一百倍。父親早就穿好了冰鞋含笑地等著我。我仍舊一口、一口往下咽，到了最後，即便剩下那一小口「可可」，我都不想急急喝完去學溜冰。

　　一聲隔壁座位的嬰兒哭，將我拉回到現實，這是二〇一二的深秋。往事雖如煙，但眼前的老妻、兒孫們卻讓我感受到正在享受幸福。

我的ㄅㄆㄇㄈ

　　我讀的「浙江旅津小學」,簡稱「浙江小學」,在天津算是好學校。我是一九三六還是三七年進一年級,年年都算末段生,看榜的時候從最後看,乏善可陳,唯有「說相聲」,我才有機會出人頭地。

　　但是,「相聲」又不是學校裡頭教的,考試的時候也沒「相聲」題目。那麼,究竟我在學校到底幹些什麼呢?總的來說,不過ㄅㄆㄇㄈ爾。對我來說,我學什麼都是這耳朵進,那耳朵出,唯有「相聲」跟「注音符號」,對我而言,終生未忘。好用得緊。

　　今天就說注音吧,比方讀書,書上有你不認得的字,只要順手一翻字典,認識了。後來進了戲劇圈,碰上劇本上、書上有我不認識的字,或知道它的意思又不確定該發的音,我再順手一翻「標準國語彙編」,就知道怎麼發音,怎麼念了。管用得很。

　　那會兒,我說六十年前,初入軍中話劇隊時,像我這種「雛兒」,在人家眼裡的我,算是「棒錘」。一個不小心,念錯了字,就讓人拿來當笑話說,幸好,這一關我沒太大問題。後來,我「陸光話劇隊」的同事于恆將我介紹給崔小萍老師,參加中國廣播公司的「中廣劇團」錄廣播劇。就這樣,發音正確,我就成了「中廣劇團」的團員了,那是一九五八年「八二三砲戰」剛過不久的時候。

　　二十年前,台灣開放大陸探親,所到之處,全說我「鄉音

這是我當年就讀的天津英租界十九號路的「浙江小學」，孫越偕兒子向竹，
一九九七。

未改」，可又說不清我倒底是哪兒口音，我一肚子高興，又假裝謙虛地笑笑，我說，我說的是「國語」。

探親返台，飛機上我旁邊坐了一位老者，七、八十歲吧，客氣幾句之後，老人家開口啦：「孫先生，前次你在老人基金會演講，精彩。」我才剛要謙虛幾句，老人卻接著說：「但是你講的那個自怨自艾（ㄞˋ）呀，應該念自怨自艾（ㄧˋ）。」我愣了一下，跟著很認真地謝謝老人家給我指教，可心裡頭，亂不是滋味兒的。總之，下飛機前，我就再也不想跟那老頭兒講話了。

昨晚，飯後，隨興逛逛附近眼鏡行，一副新到的歐洲鏡框吸引了我，我跟老闆說：「阿青，這副鏡框真像玳瑁（帽）的。」老闆用著他那口廣東國語：「孫叔叔，不是玳（ㄇㄠˋ），是念玳瑁（ㄇㄟˋ）。」玳瑁（ㄉㄞˋ ㄇㄟˋ）？

昨天農曆立冬，出了眼鏡行，直覺著寒風刺骨啊。

與我敬愛的天津浙江小學學長虞為合影。對日抗戰時，他參加了「鐵血除奸團」，他用燃燒彈炸了日本「中原公司」後，逃至後方。陸軍官校十六期畢業後，又考入航校。畢業後參加飛虎隊，有戰功，來台後曾擔任「觀光局長」。

英雄出少年

禮拜天，全家做完禮拜，就趕到木柵一所學校去看外孫小尚的「跆拳道」比賽。我坐在車上等消息，不一回兒，就看到他爸爸媽媽帶著小尚出了校門。小傢伙穿著一身「跆拳道」服，臉跟他爸爸一樣，抿著嘴面無表情，現在人說，那叫「酷」！脖子上則掛個金牌。啊！我外孫是金牌得主啊！

回想自己在他那歲數，甭說那金牌，連人家打架，我都躲到遠遠兒的。跟誰站一起，都不敢看對方的臉。怕事、怕人，尤其是惡名在外的人！比方說，我心中的那個「惡人」是胡同口那家張老三，就因為有次我親眼看到他一個人打三個，打得人家滿街跑，從此之後，要是我一出門碰見他，立刻就會掉臉兒回家。等到心裡捉摸著時間差不多，他該走了，這才敢輕輕推門，用眼睛瞅瞅他還在不在，要真不在了，這才一溜煙地跑出胡同口。小心眼兒裡還有點「劫後餘生」之感。

可之後的一部電影，竟改變了我膽小怕事的畏縮性格，還敢自個兒對著鏡子看自己，真一派英雄好漢也。

那就是，我跟我母親看過好萊塢埃洛・弗林（Errol Flynn）演的《俠盜羅賓漢》之後，我真正找到我學習英雄的對象。於是，我把身邊的刀槍箭戟、斧鉞鉤叉改換成英國中世紀羅賓漢用的弓箭，「弓」是大田（車夫）拿我那把孫悟空的金箍棒改的，弓弦是根麻繩兒；箭是田媽（女傭）拿竹子給我削的。但沒箭頭怎麼辦？田媽說：「少爺，我不敢給您削尖了，太危險！」

　　想想，乾脆我拿硯台裡的墨汁塗在竹子頭上，把車上裹腿禦寒的毯子披在肩膀上，對著鏡子再一照：怎麼自己不像羅賓漢呢？噢！明白了，人家羅賓漢有小鬍子，還戴個小帽子。我沒有怎麼辦？我東轉悠西轉悠，最後拿我母親畫眉毛的小炭條給自己畫個小鬍子，像不像三分樣兒。接著再將我爸爸擦皮鞋的麂皮圍在腦袋上，再瞅鏡子裡的我，這時候我已經不是孫越啦，簡直像個怪物！管他呢？怪物就怪物，自己覺得像「羅賓漢」就好。

　　一出家門口，好死不死的竟讓我碰上了他──那個會打架的張老三──我要跑，就聽一聲：「這孩子，你給我站住！」剎時間，我像個一、二、三不要動的木頭人兒。他過來了，拍著我小肩膀：「你幹嘛老躲著我？」我萎萎縮縮地說：「我沒有。」還是不敢抬頭看他。

　　「你這死孩子什麼打扮？」

　　「我，我，我學羅賓漢！」

　　「羅賓漢！呸！你像羅賓漢嗎？」

　　我說：「不像！」

　　之後他摟住我的脖子說：「我告訴你！往後誰要欺負你，你找我，我打死他們BK¹⁰的！」

　　那年，我跟現在的小外孫同年齡：八歲。

---

10 屄，音ㄅㄟ，為「造」或「弄」之意，為當時平津一帶沒教養的小孩罵人的髒話。

我「留級」留對了

小學三年級「留級」的時候，其他同學，當然都順理成章升到四年級，而我卻仍停在三年級沒動，老教室、老座位，當然自己難過羞愧得抬不起頭來。但之後我反倒有點慶幸，你知道為什麼？因為我喜歡上了一個女孩兒。

她叫「袁冬」，是我們的班長，一個大方美麗而又聰慧的女孩兒。後來大了，看到王藍的《藍與黑》，看到書中的「唐琪」時，就如我童年見到的袁冬，天津浙江小學，我的班長。

留級那年的冬天，祖母在上海去世，父親讓裁縫師傅給我全家三口都做了件灰棉袍，在右胳臂上還套了一條黑箍。

第一個發現我戴孝的，就是袁冬。她一見我這身打扮，先是一愣，接著抓住我戴黑箍的手臂輕聲問：「誰？」我低著頭：「我奶奶死了，在上海。」她「噢」了一聲，緊接著，她手抓得更緊對我說了句「別難過」，就走了。

我沒難過，我高興都來不急。要不是穿這身孝袍，就沒機會被她抓我胳臂，更沒機會聽她跟我說「別難過」三個字。

不過即使留級，我仍然不專心讀書，心思總是跑到課堂外，所以每次考完，成績還是倒數的，沒一點長進。

但我最怕，也最想的，就是袁冬代老師發還批過的考卷，我可以那麼近的距離看她，但是我分數卻是那麼爛，自己不好意思抬頭看她一眼。真是既期待，又怕受傷害。

每回她發還我考卷時，總是會說一句「加油啊！」，讓我更不好意思抬頭啦，但她聲音之優美、之溫柔，叫我永難忘懷。

之後，母親托二舅給我買了輛自行車，二十四寸的，這下我更不想看書了，騎著車到處瞎轉悠。

那天放學，無意中看見袁冬和她妹妹乘一輛漂亮的「包月」三輪車，我便趕緊騎車跟在她們後頭，直到法租界「中國大戲院」對面的「天增里」她們的家後，才掉頭騎回去。

終於有一天，她妹妹無意中回頭看到了我在後面跟著她們，這時，袁冬也回過頭，看了我一眼，笑得那麼純真，那麼美。

我日夜地想念她，還不到十歲，就嚐到那痛苦的滋味。後來我終於鼓足勇氣跟老師請求，我要調到乙班去。我亂說了個理由，就離開了甲班，也不再騎車跟袁冬她們姊妹了，可是「袁冬」卻像塊烙鐵，已印在我心上。每當後來想起我那段抬不起頭的小學生活時，都會想到三年甲班有個袁冬，沒辦法，就是忘不掉。

一九九〇台灣政府已開放，我返回大陸探親，主要是看我天津的兩位舅舅和上海的小姑媽，但同時，心中也有個「情結」未了。當我真正抵達那闊別數十年的天津，除了與舅舅們話舊之外，我心中掙扎了又掙扎，最後，請表弟陪著我，去了趟法租界「中國大戲院」對面，那個夢魂牽縈的「天增里」。

「打的」（計程車）很快開到了「中國大戲院」，我心跳也很快地在加速，何止是小鹿亂撞。

車子終於到了那永難忘懷的「天增里」，到了我從未忘掉的「天增里」袁冬的家門口。我看著我童年班長袁冬所住的那

棟房子，依舊老樣，門前的樹更加地高大了，彎曲的樹枝及那泛黃的葉子幾乎遮蓋了裡面的窗。那窗裡，曾見袁冬走動，而今，我見不到窗內的動態，大門雖是開著的，我佇立了許久許久之後，卻反而不想進去一探究竟。

又過一陣子，我終於轉過身來對我表弟說：「咱們回去吧。」回去的路上，心情無以名狀，只是那晚我喝醉了。

在返台的班機上，遇見一位多年不見的朋友，他成了我的鄰座，他跟我訴說別後的際遇，他講了很多話，而我卻仍在想著那句「老來多健忘，唯不忘相思」啊，還是白居易了解我！

相聲與我

「遠看呼呼悠悠，近看漂漂搖搖，又像葫蘆又像瓢。這個說是魚肚，那個說是尿泡，二人打賭江邊瞧，原來是兩個和尚～～洗澡！」

這是說相聲的開場白。我們那年頭兒，在平津一帶的孩子，誰不會說相聲？都會。好比兩個同學，大清早一見面，就操著山東煙台口音，毛著腰問（學侯寶林[11]）：「這是誰？」另個同學就回：「這是我。」

「上哪去？」

「上便所。」

你聽聽多好玩兒。

當年我們這些從小被曲藝、京劇、話劇薰陶的，甭管多小年紀，好像都會哼上幾句「我正在城樓觀山景，耳聽得城外亂紛紛～～」。再有的就是，我們這些偏好相聲的同學們（還有女孩兒），更是瘋上加瘋。為聽相聲，逃學也在所不惜。

有次，我們三年級要辦演講比賽，老師看我能說會道的，演講一定沒問題，就跟我說：「孫越同學，我看你滿能謅的，你代表班上，我替你報名參加班級演講比賽。講題是『愛我國家』。」得令之後，我找了幾個哥兒們商量，全是愛聽相聲的。最後也沒研究出個所以然來，反倒是賠了我好幾碗「打滷麵」。

演講那天上午，風和日麗，到了人家班上，我一看人山

11 一九一七～一九九三，被譽為相聲界的一代宗師，注重相聲的理論研究，著有《相聲溯源》、《相聲藝術論集》等。

人海，還有很多老師都來啦，此刻，我恨不得自己得了「盲腸炎」，就不用講了。

結果，我上了講台，腿是軟的、臉是僵的，半會兒後，定了神心裡想，早也是死，晚也是死唄！於是我挺了挺腰桿兒說：「道德三皇五帝。」這時大伙兒全靜下來啦，聽我接著說：「功名夏侯商周，五霸七雄亂春秋～～龍爭虎鬥！」

台下一片叫好聲，還大聲喊著：「這是侯寶林相聲的開場白。」。

最後我當然落選，老師不理我了，我也不理我那幫吃我打滷麵的「狐群狗黨」了。

青椒牛肉絲炒飯與羅宋湯

從有記憶起，就覺得母親做的「青椒牛肉絲炒飯」跟「羅宋湯」最好吃，天下無敵。連小白樓那家白俄菜館最拿手的羅宋湯，都無法與我媽做的相比。

父親在我十歲那年，被證實在外面有了「小公館」，據說，是個姓黃的舞女與父親同居了。起先是一、兩天不回家，母親到處打聽，認識的朋友、同事們都說詞含糊，等後來父親回家，母親再問他，他仍支吾以對，就是不承認外面有了女人。

母親也發過脾氣又哭過，再往後，父親索性十天、半個月的不回家了。母親如坐愁城，二舅、老舅都來了，仍舊想不出什麼辦法能讓父親回心轉意。

我至天津探親，與我二舅邱寶卿老先生（右）、老舅邱寶臣老先生（左）合影，一九九一。

　　意外地，有一天放學時，父親出現在我學校大門口，我高興萬分，父親說：「我想你，帶你去個地方吃吃飯，有個阿姨特別為你做了好吃的。」一聽，我心裡有點疙瘩，但還是乖乖地被父親帶到那兒。也在英租界，是小營門靠先農里的那個「小公館」去了。

　　進門，瞅見一個沒我媽漂亮的阿姨，拉著我手笑問：「儂叫撒（啥）？」

　　我呆呆地回：「孫越。」

　　「啥地方寧（人）？」

　　「阿拉浙剛（江）人。」

　　「索活來（坐下來）。」

　　接著開飯，我肚子早餓死了，佣人菜都端上桌，我過去一看，啊！除了幾道菜外，還有「羅宋湯」啊！父親說話了：「阿姨知道你愛吃羅宋湯，特別給你做的。」緊接著阿姨問：「你吃白飯，還是青椒牛肉絲炒飯？」

　　狼吞虎嚥吃得飽飽的，父親再送我回到我們的「家門口」，但是他不進門。他走了，風很大，我一個人敲門，母親急切地開門，一把抱住了我，好久、好久，我抬頭看見母親的眼淚。

　　關門時母親問我：「這孩子，你餓了吧？」

　　「不餓！不餓！爸爸帶我到阿姨家吃青椒牛肉絲炒飯，還有羅宋湯，好好吃噢。」

　　那一晚母親都未曾再說話。

追妞兒的歲月

唱「冬夜裡吹來，一陣春風，心底死水，起了波動……」這首歌的年月，我那位「永興舅」正在追一個女孩兒。原本也沒啥希奇，十九歲嘛，何事不可為？但，問題是，他要追的那個女孩兒，卻是他朋友的女朋友，你看看這事麻煩不？

我，那年十五還不到，母親去世，父親硬要我搬到他那小公館，跟永興舅同住一個小小的「亭子間[12]」裡，當然我也就順理成章當了他的狗頭軍師。

我就建議永興舅，我說：「你先給女孩兒寫封信，問候她，說那天在街上看到她（根本沒這事兒），不好意思跟她打招呼，

12 意指狹窄的空間，裡頭約莫只能擺兩張床、一張桌子、一個凳子。

我在天津先母墓前留影，一九九四。

重回天津市英租界馬場道的「志達中學」校園，我（左）、我老舅邱寶臣先生
（中）及我兒子向竹（右）。

因為妳好像有男朋友（人家本來就有男朋友嘛）。但是，妳的美麗吸引我幾天睡不好覺（才怪！每晚打呼，吵得我睡不好是真的）。」永興舅一聽我說信裡的內容，拍手叫好，高興地又跳又叫，最後把我書桌上的口琴拿來亂吹，讓我一把奪回，那是我的，不衛生。

　　就這麼點事兒，一下信就寫好了。「孫越，信封呢？」我說我去買，我一個箭步就躍到街上找書店，等買回信封，問題來啦，人家女兒住哪兒啊？「孫越，你去找找她家住哪兒？」

　　我恨不得給自己一個大嘴巴，我出什麼餿主意，我。

　　三天後，讓我真找到那女孩兒住址了，不但找到，我還當面告訴那女孩兒，我說：「妳千萬別跟那個叫永興的來往，他是我舅舅，我知道他女朋友太多，不少妳這一個」。「啪」一聲，關門前她賞了我一耳光！

　　現在想起，我左臉好像還是燙燙的。

八月十五月光明

這口酒我跟著大伙兒仰脖兒一吞，雖接著又嗆出了半口，但也算我此生大碗喝過酒啦。吃著大塊的肉，再喝，反正也沒人管，喝著喝著酒意上來，心裡對酒也就不怵了。

月亮慢慢升上來，在山崗上看，又圓，又大，記得去年母親在世時，我們中秋夜坐著三輪兒逛街的情境，此生不會再有了。

太多跟我一樣大小，頭一次離家在外面當兵的同學，因著酒入了愁腸，開始有人掉淚，有人嚎，反正哭了再喝，喝了就更哭得厲害。

猛然一聲「八月十五～～月光明啊～～」京劇薛平貴這喊冤似的一嗓子，接著大伙兒都跟著「薛大哥，在月下啊，修寫書文啊吶」，又聽見那頭兒有人叫魂兒似的：「初一十五廟門兒開唉，牛頭馬面兩邊兒排唉，閻王老爺當中坐，一陣那個陰風啊，就刮進個女鬼來唉～～唉～～唉～～」

這是一九四六年農曆中秋節，我們這群來自平津一帶的半大小伙子，在長辛店槐樹嶺，蹲坐在秋風中喝酒唱歌的情形。我們的番號是青年軍二〇八師二旅四團一營二連。我，十六歲還不足，看著這一伙子都像有心事，而我，卻是一個看似有家而無家的孩子，竟也想著藉酒澆澆心中的那點愁。

酒半醉，我臨風站立，逕自唱起青年軍進行曲「倭奴不滅不生還，乘長風來到世界，上第一高山，訓練好，裝備完，新式武器已使慣，揚威國外，揚威國外，已殺敵人膽顫心寒～～」

我在一九四六年八月考入青年軍二〇八師，左為當年副連長李國興，右為連長湯忠清，我是開小差的孫越。

的時候，此時各連的哨音突然同時響了起來，只聽見各連值星官喊著：「緊急集合……」受了幾個禮拜的訓，我們以最快速度，全副武裝站到連部操場成講話隊型。此刻，沒人吭聲，連大氣也不敢喘，酒意全醒。

之後整連、整營、整團地跟著團長曹椿棟將軍由槐樹嶺右後門出發去打八路（共產黨）。

我們團長，大光頭、大馬靴，除了手槍，還拎著一把日本大戰刀，滿臉威武，嘿！那分兒神氣，全團官兵對他是又怕又愛！

進山裡，秋夜霜寒，又都喝了酒，加上白天出操，多少顯著有點累。我們順著山邊兒行軍，下面是峽谷懸崖，不時地

由前邊傳來一個新口令，誰敢鬆懈？可又邊走邊睏，若一時睡著，猛咕叮一驚醒，就是身冷汗。

這一夜的折騰，我們也沒見到「八路」，最後經「戒台寺」繞「臥龍崗」回營房時，天已呈魚肚色，我們這群初生之犢反倒愈來愈精神抖擻，竟沒一個說累，更沒一個掉到山溝裡。

後來，大伙兒私下裡的結論：是團長帶我們出門兒練練膽，見識、見識。

天亮，照常出操上課。

（此文紀念一九四六與我同時入伍的老戰友們。）

涮羊肉的滋味兒

兩人愣在那兒，大冬境天兒。我旁邊那人，我的同學，長的就土氣，沒見過什麼世面，總老愛跟著我。

我看著地上杵著的那塊牌子，心裡盤算著一盤兩千塊錢，我們倆身上的錢夠不夠？我只有三百塊。

最後，我們掀了棉門簾，躦進了這家「涮羊肉舖」，裡邊兒黑乎乎，到處都有動靜，熱氣騰騰，又是旱菸袋[13]味兒，又是汗臭味兒。

脫了軍大衣，人五人六地告訴跑堂兒的：「一盤羊肉。」跟著伙計很快就端來了一個舊舊的銅鍋子，鍋上安著個活口的煙筒，鍋底的炭火拔起來了，火苗子直往上躥。

但是，就一盤羊肉，我們兩口就光了，所以我告訴我那老土，咱們得慢慢吃，不能吃快嘍。我這位老趕同學真配合，兩人東張西望地瞅著，不看則已，一看，啊！滿屋全是煤黑子（煤礦礦工），全光著膀子，把二大棉襖披在肩上，大口吃肉、大碗喝酒。那勁頭，給個縣長也不換，真叫老爺們兒！

付帳的時間，我把我們倆湊夠的兩千塊放在櫃台上，掉頭正要出門，掌櫃的說話啦：「等等，老總。二位是四千，你們怎麼只給兩千？」我老神在在的：「門口兒牌子上寫的是『羊肉一盤兒兩千塊』啊，我們只吃了一盤。」

「一盤兒兩千是沒錯，可是還有鍋底錢吶！鍋底也是兩千，

13　舊時一種吸菸的工具，前頭是一個金屬菸鍋，多由銅製成，而中間的一段大多為竹子製，空心做為菸桿，後面的菸袋嘴多為玉質。

總共四千，您吶。」掌櫃說。

那晚離開涮羊肉舖的時候，我仍穿著棉軍大衣，而同學的那件，給押在舖裡當抵押品。什麼時候拿錢，什麼時候贖大衣。

屋外寒風冷冽，刺骨透心啊！大概零下十度到十五度左右。就聽他凍得哆嗦著，扭頭跟我嚷嚷：「你見過世面，今晚兒我也見了世面啦！肏你個……」後面他沒說出口，他比我書讀得多。

那是一九四七，我倆都十七歲，在青年軍二○八師，華北門頭溝的城子鄉山頂碉堡上守防。

吐司夾冰淇淋

　　我帶了本曹禺的《原野》劇本,開小差離開了北平的青年
軍二〇八師,乘船到上海去投靠我的小姑媽。我到底想幹什
麼?自己根本不知道。

　　小姑父抗戰勝利後,被編餘,變為「無職軍官」,上校,
在「十七軍官總隊」,好像駐「無錫」。

　　姑媽則在湯恩伯「上海窯廠」當會計,她好玩兒,生性樂觀。

　　我一九四八年元月一號到上海,二號她就先帶我在飯館吃
過午餐,叫了輛三輪車直奔「先施公司」跳茶舞。我剛滿十八
歲,當時穿了雙短統馬靴,第一次跟她下舞池,不會跳,總踩
她腳,她很有耐性地教,我就一步一步學,終於我會了慢三步
(華爾滋)跟四步(布露絲),她高興,我比她更高興。

我上海的小姑媽在基督教「景靈堂」受洗時的情景,老人家故意將臉轉向鏡
頭,意思是告訴我:「孫越,我受洗嘍。」

剛到上海我等於沒事可做，又沒書可讀，終日閒著也不是回事，小姑媽教我，上午找書店看書去。果然，在虹口公園旁我找到了「生活書店」，一連看了好些天。姑媽不放心，還抽查我是否真的在看書。見我認真看書，她的獎賞是，帶我中午看電影，我們的午餐是，在電影院旁麵包店裡買四片「吐司」。每人兩片「吐司」中再夾一個「冰淇淋」，坐在電影院，邊吃邊看電影，不亦樂乎。

一九九〇時我與妻子、女兒到了上海，表弟表妹們熱情接待。但那晚我卻見我那闊別數十年的小姑媽仰臉問我明晚想吃什麼的眼神，不只是充滿了期盼，還蘊含著「這下我可見到親人」之感。我的小姑媽有偏見，明明三個兒子一個女兒，都孝順，但她單單認定我才是她正牌的親人——只因我姓「孫」。

姑媽一生有許多不幸，遇到許多苦難，但由於她的性格開朗，也就如此這般地活過來了。

一九九四年，她終因我將主耶穌的愛傳進她的心裡，她相信了，她願受洗，讓主安慰她，領她走前面的路。

她受洗那天我不在上海，她特地要她大兒子拍張照片給我。我收到照片所看到的是，她故意扭頭看著鏡頭，好像在對我說，怎麼樣？對得起你吧，孫越？我信耶穌啦。

之後的歲月，她就是全心全意依靠著主耶穌。

今天凌晨上海大表弟的簡訊，告訴我老人家已經於兩點五十分走了，走地安祥。

我也相信，她息了世上的勞苦，此刻安息在主的懷中。

她，帶我看電影、吃「吐司夾冰淇淋」的小姑媽，教我跳舞踩了她腳的小姑媽——孫琴靜——在世時間九十五個年頭。

我親愛的小姑媽，總有一天，我們在那好得無比的「天家」與您相見。阿們。

（寫於二○一二年十二月四日）

上海探親，與小姑媽攝於祥茂里七十六號門前。

好歹我也算替人接過生

一九四八在上海，依靠小姑媽生活也有段日子了，總不能老吃閒飯啊。讀了幾個月的「亞偉速記學校[14]」，畢業了，還是只會拿筆，不會速記，等於是白讀。適巧，我申請的上海市政府社會處「人求事」來了通知，找我面談。

結果，三天後，我就到了滬杭線靠杭州的一個隸屬海寧縣的小鎮「硤石」。

自小我在城市（上海、天津跟北平）長大，沒見過江南鄉鎮，而我到硤石的這天，正是「海寧觀潮」最熱鬧的農曆八月十六，小鎮擠得滿滿的。

找到了目的地「國民醫院」，楊院長跟楊太太很熱情，他們是從無錫來開業的，我則是來「國民醫院」報到的練習生。醫院就設在蔣百里將軍的大宅第，因蔣家人口少，把房子租借「國民醫院」，蔣家只在右側留個小院自己住。

我什麼都不會，要現學，掛號啦、認英文藥名啦、學注射啦、清潔病房啦等等，結果，一星期後，病房不用我掃了，因為我掃了跟沒掃過的一樣。

楊院長發現我學靜脈注射還學得挺快（皮下、肌肉注射更不在話下）。有一天，一位「王莊」病人生病發炎，需連打幾天「盤尼西林」（當年此藥稀少又昂貴），院長要我每早等「王

---

14 由唐亞偉所創辦，他為著名的速記教育家，在一九三四年創了「亞偉式中文速記學」，到了一九三九年則立了「亞偉中文速錄學社」，接著至一九四二年更名為「亞偉速記學校」，畢生致力於舉辦速記講習、教學。

莊」的船來接我，到病患家去打針。所謂初生之犢，啥都敢。

　　次日一早我就真感覺自己像個「大夫」般，提著皮包坐上接我的船，一陣胡思亂想也就到了「王莊」的那戶人家。皮包打開，針盒拿出，消過毒，開始給病患在皮下先打了一點點，測試有沒過敏反應。十分鐘過後，沒事兒（有事我也不會處理），我就開始給病患打肌肉。完了之後，老太太請我在客廳用早餐，簡單，一大碗羊肉麵，一大碗濃濃的米酒。周而復始，人家病人好啦，我還想著那碗羊肉麵跟濃濃的米酒呢。

　　硤石初冬的傍晚，我想到東山看山上的智標塔，途經一片荒地，見一座墓碑，竟寫著「詩人徐志摩之墓」，下款是胡適之題，落日中我想到〈再別康橋〉裡「悄悄地我走了，正如我悄悄地來，我揮揮衣袖，不帶走一片雲彩」。

　　一個冬夜，院長太太要我陪她出診接生，我幫著拿助產皮包，匆匆地趕到要生產的那家。這家除了要生的產婦，就一個丫頭，沒男人。忙亂中，丫頭燒水，我遞綿花，倒酒精消毒，塗抹碘酒，孩子最後順利生下來啦，我還得幫按手術鉗，遞剪刀。我手在抖，心裡卻是一陣暗爽，自己捉摸著，日後我能向人誇口，我十八歲就替人接過生。

　　現在想想，我參與接生的那個女孩兒，算算歲數，該是哪家的老祖母了。祝她老人家健康。

你我相逢在黑夜的海上

上午我們上了船，我們衛生隊被分配在船的底艙一個角落，底艙很大，有的單位已進入了，在我們對面還有一塊空地。我將行李放好，就先跑到甲板上看熱鬧去了。

上船前，我買了大餅夾牛肉，一邊吃、一邊站在甲板上看熱鬧，碼頭上，除了靠近上船的地方，各個單位都井然有序在等候上船的命令。餘下的地方，一片混亂，除了身穿軍裝的，還有的好像是軍眷、傷兵、散兵游勇及逃難的百姓們，再不就是叫賣吃食的攤販。

在這時，也看到一些買賣大頭、小頭（銀圓）換美金的。簡直跟我在杭州所見，大同小異。唯一不同的，是感覺杭州現象是「兵荒馬亂」，而上海招商局碼頭，看來部隊是有秩序地在撤退。

吃完了大餅夾牛肉，我又鑽回了船艙，躺在沒打開的行李上，點了一根菸。心裡擔心，這船快點開吧，愈早離開戰火愈好。

一根菸抽完，我又待不住了，就跟旁邊的弟兄交代一句「我再到上邊看看去。」這次再到靠碼頭的甲板上，只見船上的梯子收了，感覺輪船的馬達也起動了，水手忙著收纜繩。不經意地，我竟發現「海宿輪」上的指揮官鮑薰南團長（裝甲兵戰一團）正向碼頭上敬禮。我順著他的方向看，啊！是我們裝甲兵副司令蔣緯國上校，我也趕快跟大伙兒一樣向他敬禮。

碼頭在倒退，景物愈來愈遠，心中既興奮，又有些離情。在想，等這場戰事過去，我就回來看我的小姑媽，看我的父親。

蔣緯國將軍擔任國防大學校長時，台視電視公司來勞軍，此照片攝於體育場。
照片的趣味在長官與我無意中都伸了舌頭出來。

再見啦，上海。

　　糊裡糊塗睡了一覺，睜眼一看，我們對面的那塊原先的
空地早已填滿了人，而且還有女生。好奇使我多看他們幾眼，
肯定是演話劇的，最引我注意的是一個留著小鬍子的男人，帥
啊！真帥！後來知道他名叫「曹健」。

　　再跑上甲板，是因為聽說有賣「蛋炒飯」的，一塊大頭兩
客。大家一邊排隊一邊罵：「這些傢伙真狠，船一離岸，水手
就成了土匪！」古人說：「車、船、店、腳、衙，無罪也該殺！」
誠然。

　　端著「蛋炒飯」看著灰暗陰沈的天色，行進間浪潮也大了
些，我吃著飯看著遠處，我將前往那個父親曾去過兩次、而我
完全是陌生的地方──台灣。

　　一會兒，在我旁邊多了一個小伙子，他帶著笑看著我。年
輕人容易相交，三言兩語，我叫孫越，家在上海，北邊長大；
他，高歧山，北平人，在裝甲兵司令部特勤隊（即話劇、平劇
隊），日後他成為兩岸大名鼎鼎的京劇名琴師。

與長官蔣緯國將軍、馬芳踪大哥合影，一九九一。

　　我們兩個人他一言、我一語地，愈聊愈熟，突然一回頭，驚見「大菜間」（貴賓的餐廳）裡有個人，那不是……？我急著問高歧山：「那不是默片時代的大明星龔稼農嗎？」他平淡地說：「是啊，就是他。」

　　這是一九四九年四月二十九號的事。那次「海宿輪」從上海招商局碼頭載了「裝甲兵司令部及附屬單位，還有裝甲兵戰一團」；同時，船上還有兩個話劇隊、司令部的「特勤隊」及戰一團的「火牛劇隊」。

　　五月一號，「海宿輪」抵基隆。

　　船上的這些戲劇工作者有：龔稼農、董心銘[15]、馬芳踪[16]、葛香亭[17]、吉程弘（戲劇界前輩）、曹健、錢璐、金超白[18]、王宇

15　一九一四年生，戲劇家，早年國防部康樂總隊總隊長。

16　後來為香港邵氏電影公司台灣分公司經理。

17　一九一七～二〇一〇，電影演員，曾於一九六四、一九七〇年分別以《養鴨人家》與《高山青》兩度獲得金馬獎最佳男主角獎，並於二〇〇五年獲得金馬獎終身成就獎。其大兒子葛小寶也是著名電影演員。

18　知名電影導演，作品包括《十八個姊妹》、《龍虎雙俠》、《孤女凌波》等。

（電影、電視名演員）、湯小根[19]、宮常覺（演員、廣播人）、馬漢英[20]、楊敏（歌唱家）、雷鳴（名演員）、丁仲（京劇、相聲、舞台劇名演員）、魏甦[21]、黃河[22]、吳國良（相聲、舞台劇、電視名演員）、王非（舞台劇演員）、陸地（舞台劇演員）、陶述[23]、常楓[24]。

我孫越，當時是裝甲兵獨戰四營衛生隊上士班長，同年八月二十二調至獨戰四營「水牛劇隊」為准尉隊員，同隊有史惟亮[25]、郭軔[26]、王農[27]、楊秉忠[28]。

（此文為紀念當年「同舟一命」的軍中老戰友們而寫）

19 為知名電影喜劇明星韓蘭根的徒弟。

20 知名製片，作品包括《小妞・大盜・我》、《無花果》、《大漠英雄傳》等。

21 一九二七～一九九九，藝名為「魏龍豪」，相聲大師，也是傳統相聲保存者。

22 一九二一年生，原名王景羲，又名莊奴，為台灣著名詞作家，作品超過三千首。鄧麗君演唱的《小城故事》、《甜蜜蜜》、《又見炊煙》等歌詞便是出自他之手。

23 一九六六～一九九五，知名演員，最著名作品為電視連續劇《陶姑媽》。

24 一九二三年生，知名演員，一九七六年以《香花與毒草》獲得第十三屆金馬獎最佳男主角獎，第四十五屆也榮獲金馬獎終身成就獎。

25 一九二五～一九七六，知名作曲家，著名的曲目有《諧和》、《小祖母》等。

26 一九二八年生，師大西畫教授，於一九六一年在西班牙馬德里開創了「新視覺主義」畫派與理論，並在一九六五年得當選西班牙皇家藝術學院院士。

27 一九二六生，本名為王立田，其畫風以畫馬聞名。

28 一九二五年生，為知名國樂二胡演奏家，著名作品為〈包青天〉。

上｜一九四九年同乘「海宿輪」來台之裝甲兵老戰友，一同在台北來來大飯
　店為默片時代大明星龔稼農祝賀九十大壽。前：馬漢英、龔稼農（壽星）；
　後左起：葛小寶、曹健、常楓、錢璐、徐天榮、金凱、長官蔣緯國將軍、
　葛香亭、孫越、王宇、魏甦。
下｜我在昔日常寅吃卯糧，陶姑媽（陶述）便是我的債主。

人窮夢不窮

　　電視新聞剛剛報導，一個年青人，靠著念力「中車、中車、中車」地念，結果真給他中了一部百萬元的汽車。

　　這讓我想起一段往事，雖不是「念力」卻是豐富的「想像力」。

　　那年頭兒，一般來說，大家都很窮，我們年輕，有用不完的精力，只要不排戲、不演出，沒事兒就逛街。一路從現在台北敦化北路「小巨蛋」對面的「空軍警衛旅司令部」，直遛到西門町，再轉回來，這都是常事兒。

　　有天，我跟我那叫龔祥的哥兒們，在街上逛啊逛的，逛完博物院，走在館前路上，見到一個「當舖」。這對我從小就當當的[29]來說，心裡有點心動。摸摸身上，最後我將那隻從上海帶出來的派克金筆掏出來交給龔祥，指著「當舖」說：「把它拿去當了。」他回：「我沒進過當舖。」我又說：「你聽我的，你進當舖，就直接將筆往櫃上一遞，說『當！』就行啦。」他又回：「你會，你為什麼自己不去？」我說：「你廢話！我是資方，我出筆，你是勞方，你當然出人力啦。」

　　等這小子脹紅了臉從當舖出來，我上前一伸手，嘎！他真當成啦？

　　三十塊新台幣，兩人這份樂啊，這算是「外財」。一轉身碰見一個賣「愛國獎券」的婦人，福至心靈，跟著就買了一張

29　指從小就習慣上當舖，當到大。

剛剛才發行的「愛國獎券」，那會兒，一張獎券五元，第一特獎是二十萬新台幣啊！能買好幾棟房子。

之後的半個月，我們如醉如痴地記算著，這二十萬獎金，拿來之後，先要還老戴（戴秉剛）朋友的二兩黃金（做布景、買燈光器材時借的）；然後，給隊上每人做一套西裝，發給每人新臺幣兩千元零花兒。以後天天隊上加菜，頓頓紅燒肉、吃魚、燉羅宋湯，噢，早晨每人吃個雞蛋，跟空軍飛行員一樣。將來出門看電影，我們除了買電影票，再給三輪車的車費。若遇誰要是想買書看，你就申請，你買一本，我們還要再送你一本，以茲鼓勵讀書上進風氣。誰要是不想再幹戲了，要離隊，不問理由，一律奉送新台幣兩千元給他（她）以壯行色。

我跟龔祥從此之後，因為要發財了，見人就笑，沒事兒倆就躲在一邊盤算著該怎麼花這二十萬，看看咱們還有什麼漏失沒有？噢！想起來啦，中獎後，全隊天天做牛肉麵消夜吃，甭管他演不演出。

日子就在我們瘋瘋顛顛的傻笑裡度過，終於等到開獎的那一天，好巧不巧，隊長周子驤說：「孫越，帶你吃好的去。」我說：「不行，我有事。」接著他就給我背上一拳：「帶你吃好的你還不去。」結果還是連拖帶拉上了火車直奔「暖暖」。

我心眼兒多，早跟龔祥訂了暗號，我說，等我回隊，咱若是中了第一特獎，你就衝著我笑，我就馬上向大家宣布咱倆的「偉大的計畫」！

　　時間分分秒秒地正常走，而我這一天的日子真是難過。隊長在「暖暖」的親戚還真熱情，買了好多菜，非留我們，隊長是正中下懷，來打牙祭的。我哪吃得下啊，一會兒看看人家的手表，一會兒看看人家牆上的鐘。坐著站起來，剛站起又坐下，什麼叫「如坐針氈」？就那樣。

　　好不容易熬到吃完晚飯，告辭後，隊長像管孩子似的，就邊拖邊罵：「你小子跟龔祥這陣子倒底是怎麼回事？你不說，我就跟你翻臉！我看出來啦，你們最近有事瞞著我，在搞鬼！今天你不說實話，我就去報告主任。」

　　這一下，我想也該是說實話的時候了。

　　我說：「子驥啊，我告訴你，今天我們要中『愛國獎券』第一特獎二十萬啦！」

　　他回：「你怎麼知道？」

　　我又說：「你看，我每天晚上到你家喝杯牛奶（美國救濟奶粉沖的），是不是？」

　　他又回：「是啊。」

　　「從買了『愛國獎券』後，我從那片稻田上你們家，連著兩次掉在糞坑裡（糞就是黃金啊）。有次我一身屎，你們嫌臭，不讓我進你們家喝牛奶，我在你們家門口，在大雨中，一邊喝著牛奶還一邊笑，有沒有？」

　　隊長一想，說：「有這事兒。」

　　「後來，我一回隊上就連夜夢見自己嘴裡吐大便，吐啊吐

爆破專家周子驥，我的老隊長好友。

啊，最後我是被人罵醒了，當夜吵得全隊大伙兒沒法兒睡。但我一邊挨罵還是一邊笑，可是我又不能告訴大伙兒是倒底是怎麼回事兒。第二天，大家還向你告狀有沒有？」

周子驥經我這麼一提，這時也像中了邪似的，拉著我，他比我跑得還快地趕回隊上，他要看看有沒有中「愛國獎券」？

結果、結果若真要是中了，你們說，那多沒意思啊。

回憶往事，想想那會兒，這叫「財迷心竅」。

我書房牆上掛著龔祥為我寫的最後幾句：「……漫步街頭同作夢，妄想財富一場空。隆記小酌憶往事，歷歷在目宛似昨，眼昏髮白暮年到，幸皆蒙恩靠基督。」

這是發生在一九五〇冬境天在台北的事兒。

我是聞機起舞的呀

對我來說，那年頭兒台南什麼都可愛，連最燠熱的八月天都好。我們部隊移防至台南兩個月了，知道台南盛行「地下舞廳」，任誰都去跳舞，老闆、上班族、大學生，甚或送牛奶的都去跳「探戈」，而且都跳得一級棒，台南將「探戈」發揚光大了。

可有兩個特別的現象：一、所謂「地下舞廳」全是男性與男性跳舞，只有我們軍部話劇隊的例外；二、除了我們話劇隊這群之外，好像也沒軍人在「地下舞廳」跳舞。

我，一個軍部話劇隊隊員，沒別的長處，只會開風氣之先。我算是第一個把軍褲的褲管下頭剪開，弄成鬍鬍，這是在好萊塢西部電影中跟牛仔學的。然後成群結隊去「地下舞廳」跳舞。那時「地下舞廳」沒樂隊，全仗著「留聲機」跟「唱片」，當時最常放的是演奏曲〈義大利花園〉。

有天清早，政治部傳令兵到隊上叫我，說副主任找我。我疑惑著，副主任找會是啥事兒？

「報告。」

副主任在屋裡連聲叫著：「進來、進來。」鐵青的臉，沒一點笑容。

完了！我想，今天副主任絕不會給我菸抽。

他終於開口：「孫越，我問你，祖逖是誰？」

我愣了一下，說：「是不是那個晉朝『聞雞起舞』的人？」

接著，副主任一連串訓話：「人家祖逖憂心國家被匈奴侵

略，他發奮向上，半夜雞叫，他就邀好友劉琨一起持劍練功。人家在風雨飄搖時，想到國家。現在『反共抗俄』時期，國家艱難，勵志圖強，你孫越帶女隊員到『地下舞廳』跳舞！警察查你們，你還給人家寫『切結書』說是不怪你，是怪留聲機響，你們才『聞機起舞』的……」說著、說著，副主任自己都笑了。

我趕緊上前，把副主任菸盒打開，他一根，我一根，點火，兩人抽上了。

第二天，天不亮，憲兵到隊上叫我起床，看著我在操場跑步，還讓我一邊跑一邊叫：「反共抗俄，聞雞起舞，反共抗俄！……」。

這是一九五三年的事。

我看戲之後像瘋子

那年頭兒，一聽說誰誰誰戲演得好，就想辦法過去認識、認識人家。比方說竹南三六師話劇隊有位「吳奈」是前輩，青島來的，戲好，演過《原野》的仇虎，在青島就有點名氣。因此我就從南部專程坐火車（當然是霸王車）趕去看看他的演技。

正巧，當天他們在演吳祖光的《捉鬼傳》（諷刺劇），我坐在台下專注地看著他們演出，吳奈大哥飾演的是鍾魁，一出場就來句定場詩：「寡人先天不足，後天失調，中天荒唐！」嚇！好欸！

戲看完了，回去後成天地念「寡人先天不足，後天失調，中天荒唐！」。走哪兒都念這句，念著、念著「寡人先天不足，後天失調，中天荒唐」時，一抬頭，碰巧軍部政治部李副主任走過來。他說：「孫越，你不是先天不足，你是後天瘋了！」我立正地杵在他面前半天聽他訓我。

在那風雨飄搖，街頭巷尾都寫著「匪諜自首，既往不究！」、「注意！匪諜就在你身邊！」的年代，台灣農教公司（中影前身）拍了部叫《噩夢初醒》的電影，由王珏、盧碧雲主演。王珏大哥演的是匪幹，他一出場，開口說了一句：「今天，我們解放了你們興化縣……」因為王珏大哥的演技沈穩，就這第一句，我便服貼了。

看完電影我也就跟著念著，而且是照著王珏的口吻，「今天，我們解放了你們興化縣……」、「今天，我們解放了你們興化縣……」。愈念愈順，簡直就是王珏的口氣：「今天，我們解

放了你們興化縣……」

　　所謂日有所思，夜有所夢。有天晚上，睡著後我在夢中就大聲地說：「今天，我們解放了你們興化縣……明天我就到台灣，我……」睡在我對床的同事戴秉剛把我一捶給捶醒了：「祖宗、祖宗，你醒醒！我求求你！匪諜自首，還來得及，你早點自首，我們大伙兒就都太平了，要等憲兵來抓你，說不定連我也跟著關進去了。」

　　有一次，有齣話劇到台南來演，知道消息，晚上去戲院看，李影大哥，剛主演完《吳鳳傳》，在這劇中，他坐在沙發上嘆口氣：「唉！這年頭，憂患於生，家裡有信平安就好。」

與李影大哥合照，後面兩個人是則關毅大姊、編劇暨製作人趙玉崗。

　　之後的日子，我也就把嘴一抿，學著李影口氣：「唉！這年頭，憂患於生，家裡有信平安就好。」誰聽了都說我學得真像李影，何止自得其樂，只要大伙兒湊在一起聊天，我就插花，來上一句：「唉！這年頭，憂患於生，家裡有信平安就好。」

　　那年頭，家裡真要從匪區（大陸）有信寄到台灣給你，警備總部一定先把你抓起來再說。那年頭，風聲鶴戾，草木皆兵！連軍中也無可避免。誰敢亂說話？我敢！事後想想，一身冷汗！感謝神的保守，我們隊上的全是好人。

恭喜恭喜！又過春節啦！

　　看大陸《人在囧途》這部電影兒，當然我肯定兩位主角的優秀演技，可是更吸引我的，是那些趕著回家過年的人群。希望他們人人都能趕到家，家家也都能吃個團圓飯。

　　一九四七年除夕，我們全連（青年軍二〇八師二旅四團一營二連）都是空著個肚子，守在北平西苑機場外圍。

　　我們是由「黃村30」調到北平西苑，行了一天軍，最後我們第二班分配到一個小山坡上的碉堡。那天是大年三十兒傍晚，是除夕夜，就這麼餓著肚子站崗守在山上。當時，還發生站上一班崗的衛兵，人困馬乏又沒吃東西，見著有個人過來，就急著喊口令。山上風大，我接下班衛兵，一時沒聽清楚他喊口令，這小子馬上對我就是一槍，幸好子彈有眼，沒打著我。

　　後來大家撤到了台灣，向我開槍的那位同學賈種玉說：「那一槍要是我打中了，你小子就給閻王爺演戲去嘍。」

　　那年除夕夜也沒覺得自己有多餓，只是疲乏，比往常怕冷，口渴的程度非常難受。看著遠處北平城裡鞭炮的火光通天，自己卻也阿Q地想著，要是沒我們餓著肚子守在這兒山頭兒，你們「北平」休想過個太平年。

　　而一九四九年除夕那天，我從海寧硤石帶著我在杭州給父親選的一頂英國鵝絨「禮帽」回上海，到家時（其實是小姑媽家）已華燈初上。父親戴著我送的那頂略小些的「禮帽」，喜

30　位在平津鐵路縣上，亦為歌曲〈小放牛〉的發生地。

形於色，就連後來我們進了叔叔家圍爐吃飯時，也不肯摘下。我知道，此時的父親是為了讓我高興。

此生我送父親唯一的一件禮物，就是這頂英國「禮帽」。

一九六七除夕，白天在台中趕了一天的外景，到了黃昏，戲總算拍完了，「電影公司」老闆給我們的，卻是一張「遠期支票」。此時此刻，誰能兌給我現款？那份鬱卒心情，在回台北的火車上我悶聲不響，男主角楊群與我面對面坐著，一段時間之後，楊群向前拍著我肩膀，低聲地說：「老越，我家大概還有八千塊錢，咱們倆half、half！」我雖未拿他的錢，卻一生未忘他對我的情義。

那晚我回到家已過十點後了，妻子兒女守著我，桌子上飯菜也早已涼了。但，我總算回家跟妻子兒女團圓了。

今晚，又是除夕，是全家「圍爐」團聚的時候，能闔家團圓當然好，若是家人因某種原由而無法回家，請用「禱告」來紀念他（她）們的不得已。求主耶穌看顧彼此。

若是全家雖然共聚一堂，又同吃著團圓飯，但都各說各的話，各想各的事，而無「彼此相愛」的心，你吃的是再好的高檔山珍海味，你會覺得吃這餐飯是在享受嗎？

願一直愛我們每個家庭的上帝賜福你們。

祝春節快樂。

第二輯

歲月如流，
難得青年心爽快！

記一九四九～一九六三的軍中劇隊生活

01

LVT戰車[1]頂蓋打開時，鑽出來的不僅是我的頭，更是我夢寐以求的「戲劇人生」。

那陣子，不止我一個人，連我班上這批弟兄，每天都跟我一樣的，過著心驚肉跳的日子。

記得剛駐防到台中梧棲的第三天，早上全營集合，營長倪永壽對著全營訓話：「我們獨戰四營是水陸作戰部隊，所以在海邊防守。海邊有防風林，是保護陸地上的生命、財產的。從現在我宣布，任何人都不准砍伐防風林，誰砍，我就槍斃誰！」

隊上伙食差，沒關餉（薪水），沒轍。若關了餉，我就吆喝大家上街「打牙祭」，反正三一三十一唄。不過一個月、兩個月過去，有天，突然我腦子冒出一股邪。

這天晚上，我就喊了幾個弟兄，帶著圓鍬、十字鎬，並且告訴大家：「『行動』都別出聲。」於是就悄悄地到了那「防風林」，我選了個中間不起眼的樹，說聲：「砍！」還要大家盡量小聲點。

費了好大勁兒，總算連樹根都挖出來了。我說：「你們把地墊平。」這些小子們還真行，一會兒，地也填平啦。可是，麻煩也跟著來了，我要的是做飯的劈柴，現在是棵「樹」，怎麼辦？怎麼回隊，放哪都不行，準露餡兒！要是整棵樹抬到隊

1　俗稱「水鴨子」，又稱「鐵棺材」，可泛水而行，亦可在陸地行駛，為海軍陸戰隊必備的兩棲戰車。

一九四九年，我在裝甲兵獨戰四營「水牛劇隊」所拍的第一張照片，當時我十九歲。

上，那隊長、醫官、司藥，還有一位今晚沒來的曹班長，我怎麼向他們自圓其說？

所謂「人外有人，天外有天」，我們隊長的那位蔡表弟，走到我跟前，他嘀咕著說：「孫班長，你們等我一下。」就抽根菸的工夫，他拎了把鋸回來，三下五除二（很快之意），天沒亮，我們每人抱著兩捆木柴，悄悄地堆在隊部伙房裡。這事

兒雖說神不知鬼不覺，可之後的幾天，隊上不用花錢買木柴，省下來的錢，就多了些肉絲、魚、肉片兒。隊長跟醫官們還問：「怎麼這幾天伙食好些？」沒人敢搭碴兒，全都拿眼睛瞄我，我假裝沒聽見，也沒看見。

有天，好像是八月十幾號，說今天有個「颱風」要來，下午開始，就一陣風，一陣雨的，那份兒涼快啊。到了吃過晚餐，我在門口抽菸時，就看天上的雲彩，好美、好美的，像火在天上燒似的，我叫大伙兒都過來看這種奇景。正在此時，風雨中跑來了營部的傳令兵，他說：「孫班長，陳營附叫你。」說完掉臉兒走了。

完！我們大伙兒面面相覷，完啦，東窗事發了！就多吃那點肉，可能要我一條命！「砍防風林事件」犯啦！隊長的蔡表弟走到我跟前，悄聲地說：「班長，你安心地走吧！你要關起來，我們輪流給你送菸抽，反正你日子也沒幾天了。」（聽聽，這是我從上海帶出來的弟兄。）

冒著風雨離開他們時，大伙兒愣愣地看著我，我此時還真有點「風蕭蕭兮易水寒，壯士一去兮，不復還」的勁兒。

喘著氣在陳憲欽營附門口喊了一嗓子「報告！」就聽裡邊說：「進來。」進門看他不但背著身，還用右手開抽屜，我想完啦，他準是拿手槍。

但他非但沒拿槍，還拿了一包菸、一盒火柴，轉身向我一撇嘴兒：「走。」

丈二和尚，摸不著頭兒。出了營部，經過操場，出了大營門，衛兵給他敬禮，風雨一路跟著我們。到了停兩輛LVT那兒，我就跟著陳營附進了其中的一輛，我這顆心已經由嗓子眼兒退回心臟，只是納悶，他到底想幹什麼？

坐定後，他遞給我一根菸，還幫我點上火兒，那種不祥又來啦。這，這會不會是我人生的最後一根菸？

從透視玻璃看外邊，風雨更強啦，此時，陳營附終於開口啦：「孫班長，你那天在軍民晚會上唱的什麼黑呀黑的，你再唱一遍。」媽呀！您老人家早點說嘛，害得我的心七上八下的……跟著我也就想起，噢？前幾天，我班上一位弟兄因想家又回不去而在哭，我罵了他一頓，罵完了，對他又有點歉意，於是說：「走，咱們喝酒去。」大伙兒說：「沒關餉，沒錢。」我又說：「我去跟老闆賒賬。」

那晚，吃喝得差不多，在返隊的路上，我們營跟附近的老百姓辦軍民同樂晚會，弟兄們一吆喝「孫班長！孫班長！」我就藉著酒膽上了台，說說唱唱，完了回隊睡了，之後也全都忘了。

這回風雨夜，在戰車裡我就對著陳營附唱起八角鼓[2]：「柳葉青青樣樣黑，愛黑不黑誒，黑夫人，獨坐黑羅帷，站起了身

---

2 單弦是滿清八旗子弟自娛的一種演唱方式，後為民間藝人逐漸推廣，流行於中國華北、東北一帶，也可稱為八角鼓。八角代表滿清八旗，代表作品如〈風雨歸舟〉等。

形邁黑腿，前行來至在黑花園內，伸出黑手掐了一朵黑玫瑰，扭向回頭問敬德（在此處念『ㄅㄟˇ』），敬德說，娘子也黑花兒也黑，娘子雖黑沒有花兒黑脆，黑夫人聞聽心好惱，皺黑眉，咧黑嘴，疵著黑牙罵黑賊，你說奴家沒有花兒黑脆，花兒不能跟你入羅帷，從今以後，散嘆了罷，能要張飛，我不要李魁欸……」

一九四九年，我憑著這段兒單弦兒，八月二十二日走進裝甲兵獨戰四營「水牛劇隊」。十多年後，由軍中而再入社會，至一九八九年八月二十二日止，為期前後四十年演藝生涯。

感謝第一位給我「表演機會」的軍中長官陳憲欽少校（福建人）。

02

　　那年，嚴道董事長帶著「董氏基金會」的我與陳淑麗及菸害防治組負責人林清麗應邀向軍中「宣導菸害」。

　　我站在台北三軍軍官俱樂部大禮堂的台上，湯曜明部長介紹完我，在掌聲中，我靠近講台往下一看，媽呀！全是三顆星、兩顆星上將、中將、少將的，幾乎坐得滿滿一個大禮堂，看得我眼花繚亂。

　　我說：「報告湯部長，各位將軍！我是老兵孫越。九一八事變我在瀋陽（當時我才一歲），抗戰十週年我守過蘆溝橋一

一九四九年，我在裝甲兵獨戰四營「水牛劇隊」參加演出《忠烈圖》，當時張媛姊就飾演我的母親。

個月，八二三金門砲戰我人在金門。

「我十六歲考進青年軍二〇八師，之後一九四九跟裝甲兵司令部到台灣，再之後我在海軍陸戰隊第二旅，空軍警衛司令部，陸軍八十軍（後來改編為陸軍第十軍），再調陸軍總部，最後我是在空軍總部空階中尉三級，離開了軍中。」台下聽完一遍掌聲還帶笑聲，超過我的想像，一點都不嚴肅。

藉著飯前短暫休息，將軍們都來邀我拍照，還有就是耳熟能詳、幾乎千篇一律的：「孫叔叔，我從小就看您演壞蛋。」我一邊笑，一邊想，當然你們從小是看我的戲長大的，連「八二三金門砲戰」那年，湯曜明部長當時還都是剛入伍的軍校生呢。可是我敬愛的將軍們，雖然此刻你們都在手握兵符，但你們萬萬想不到，早年台灣的軍中劇隊是個啥樣子？

就從我進裝甲兵獨戰四營水牛劇隊當准尉隊員來說吧。

我原是衛生隊的上士班長，薪餉是新台幣三十六元（那會兒金子三百六十元一兩）。等我演出話劇《忠烈圖》之後，姜隊長、劉副隊長認為我還算塊料，於是報請營部，讓我當了准尉。開了我在衛生隊上士班長的缺，另給我再補個上士缺。准尉薪四十八元，上士三十六元，那不足之十二元就由福利社的福利金來貼補。這就是我初入「軍中劇隊」的開始。

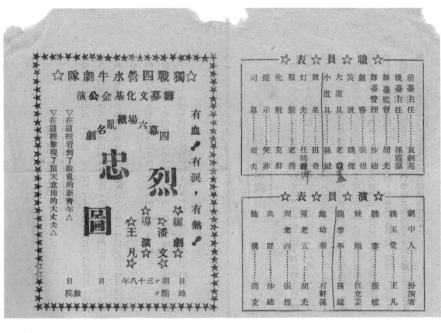

我的第一齣參與演出的《忠烈圖》演職員表，我孫越不僅是一個演員，還兼幹小道具。

03

　　看著我一九四九年的第一齣話劇《忠烈圖》的說明書，真是百感交集。說明書雖已泛黃，但那演職員表上的人名，應說是昔日的那些大哥大姊們的芳名，卻躍出紙上，並永遠活在我的心中。

　　我演第一齣戲《忠烈圖》時，是小道具兼演員。我的第一位導演是：王凡大哥，同時也是這齣戲的男主角。排戲的時候，我自己仗著曾從學校到二〇八師當兵時演過些戲，劇本到手，台詞記熟，一輪到我出場，就手舞足蹈地把那句「爸！媽！我要從軍報國！」給端出來了。這戲，應該是慷慨激昂，我卻將它演成了喜劇。

與我的第一位導演王凡大哥合影。

　　此時王凡大哥向我開口說話啦：「孫越，咱們下齣才是喜劇，現在這戲叫《忠烈圖》。你要像個有為的熱血青年，看到國家多難，你想從軍報國，到部隊報了名後，要急切地趕回家告訴你的爸爸、媽媽及你那新婚的妻子。」啊喲，我一聽，這才恍然大悟。

　　之後，我們排戲愉快，演出也愉快。我們的戲到處受到歡迎。還有的是，那時我們隊上有兩對正在談戀愛，只要不排練、不演出，成天總聽得到他們唱著《慘然的微笑》的歌聲：「在這裡，我聽過大海歌唱，在這裡，我聞過荳蔻花香；我曾在那美麗的南洋遇見了一位馬來西亞的姑娘，我和她曾並肩靠著椰子樹，我和她曾談起了我的祖國。她睜著她那大而黑的眼睛她痴痴地，她呆呆地望著我。我和她的愛情同海洋深，她為我而斷送了她的青春。那大海已埋葬了她的形和影，那大海卻洗不盡我的仇和恨。在這裡那海風吹動波濤，那便是她的靈魂向我呼號。在這裡那陽光照著波濤，那便是她靈魂向我微笑──慘然的微笑。」

　　這兩對，後來戀愛成熟，都成了終身伴侶，他們是：王凡與張媛，胡光與汪立芸。

04

　　我一直運氣好，原是王凡大哥跟胡光兩位要演出的重頭戲《樑上君子》，結果，他們兩位跟政工室袁劍英主任意見不合鬧翻了。這兩位一氣，走人！不是兩個，是四位！因為當時王凡大哥與張媛姊、胡光與汪立芸都在熱戀中，說走四個一起走！

　　其實，在這之前，也有一對兒在談戀愛，他們談，我陪著做電燈泡，那就是趙鼎鴻與伊夢華一對。有一天，趙鼎鴻找我：「孫越，今晚十點伊夢華要離開，咱倆送她。」我說：「好，送。」

　　當晚，月黑風高，三人就從梧棲用雙腿走到清水火車站。等來了北上的火車，伊夢華上去了，我跟這位當年南京摔角冠軍趙鼎鴻落寞地回來不說，當夜隊上更有人告密。第二天一早，我跟鼎鴻就被關在隊上女隊員的宿舍一天，正好那天是我在台灣過的第一個中秋節，心裡那份兒爽啊，這叫「在江湖上，為朋友兩肋插刀」。六十年後，我與伊夢華的姊姊伊夢蘭（新聞界前輩）應王孫餐敘飲酒時，我對著伊夢華外孫女講訴這件趣事時，自己猶感洋洋得意，惹得大伙兒開懷大笑。

　　話再回正題，水牛劇隊要用黃佐臨的《樑上君子》劇本，由於演小偷兒的、演律師的都離了隊怎麼辦？山中無老虎，猴子稱大王！我就變成戲裡主角包三兒（小偷），張煜就演律師（張煜哥後來是康樂總隊第四隊副隊長，魔術師）。我倒沒被突如其來的提升而擔心，只是看了劇本，心裡直往京劇《三盜九龍杯》的楊香武、還有《三岔口》的劉利華那兒想。

　　因此我向導演張煜建議：「導演，你看，我出場先說一段：

『時來扁擔開花，倒楣生薑不辣。煮熟的兔子會跑，打得的豆腐生芽』做為開場白好不好？」

　　半天，導演張煜沒說話，之後，看他滿臉鐵青衝著我：「老弟，你想不想演包三兒？想演你就乖乖的聽我的，要不，你就回你的衛生隊去！」轉身還聽他一句：「他媽的！這小子想造反！黃佐臨的劇本他也想改？」

與新聞界老友伊夢蘭（中）吃「唐宮」的涮羊肉。一九四九年時，伊夢蘭的妹妹伊夢華由清水上火車開小差，由我護上車也，左為王孫。

05

《樑上君子》這齣舞台劇，原是捷克作家原著，後經留英戲劇學者黃佐臨導演改編成為鬧劇。舞台效果奇佳，在哪兒演，都受歡迎，更何況看膩了「反共抗俄」的宣傳戲。

所以我們不止光給軍中演出，還派出人去，與各地、各機關、各學校連絡，不敢說所到之處萬人空巷，至少承包的團體各個單位都非常滿意。

它的劇情是：包三兒者，小偷也，常年為夏律師跑腿兒，哪裡有風聲，除了自己偷，還再通風報信給夏律師。但包三兒，賊性難改，且六親不認，就連每次將他保釋出來的大恩人夏律師家，他都照偷不誤。

這種戲，我們叫「戲包人」，誰演誰紅，我生性好動，加之人又瘦小枯乾，在隊上也就不作第二人想。

這好運臨頭，我也會福至心靈。愈排練愈順，排著、排著導演張煜也就偶爾聽我建議，修改他的動作配合。他與我對手戲多，有時我向他出些點子，他也就欣然接受。

舞台劇與電影不同，像我，那會兒，雖是個剛入行的雛兒，但因演出機會多，自己也就暗暗地修正自己，慢慢地也成熟了些。

話說一九五〇年三月，到淡水戲院演出時，那晚，演著、演著，演到我在一邊跟夏律師聊天，一邊偷他身上的「皮包」。結果是事成（偷完）之後，沒想到，律師的「皮包」上拴了條很長的鍊子，此時律師不動聲色地拉回他的「皮包」。台下轟

一九四九年，我讀了黃宗江（前右）寫的《大團圓》舞台劇劇本，對他所寫的中國大家庭因戰爭而分散深有感觸。後為王孫。

堂大笑不說，還意外地聽到一聲北京話喊的「哥兒們，好！」。這嗓子「脆」！半夜還捉摸著，誰呀？

　　第二天，用北京話喊的那傢伙一身警官制服（督察），到淡水戲院後台找我，雖是初見，卻也一見如故。

　　這位警官趙大哥（好像姓趙），只記得他告訴我，他原是「苦幹劇團[3]」的，後來一九四八年北平和平解放前，他跑出來了。當時黃佐臨導演的這齣《樑上君子》他也演過，演的是屠副巡長。在他那淡水的警局的光棍兒「宿舍」殷殷招呼我，他

3　於一九四二年由導演黃佐臨所成立之劇團，許多知名演員都從該劇團出來，如：石揮、張伐、黃宗江、姚克、丹尼、柯靈、孫浩然、吳叨之等。

鄉遇故知嘛。哥兒倆有說有笑，一起包餃子，一邊下、一邊喝「芬芳酒[4]」（便宜也！），吃著、吃著我突然嚎啕大哭。他以為我想家，但其實我是想到，在梧棲落難的隋大哥、隋大嫂這兩口子，在台灣我第一次吃到「餃子」就是在隋鳳山大哥家，這是第二頓「餃子」，在趙大哥「宿舍」吃的。

台灣的四月全省風光明媚，我們隊又到台南演出，地點是「空軍供應司令部」二樓大禮堂。當晚可說盛況空前（免費入場之故）。

我說過，演話劇跟拍電影不一樣，電影是一個一個鏡頭堆砌，不好就NG，還可重來。演話劇，是騾子、是馬，牽到台上遛遛，演員就覺著有成就感，你的舉手投足，你的喜怒哀樂，當場見效，過癮啊、過癮。

那晚下了戲，我在後台仍亢奮地在卸妝，就覺著有個傢伙站在我旁邊，他不說話，也不打擾我，總呲著牙向我笑。

等大伙兒要一起到前邊拆布景，收拾大小道具時，這小子賊裡賊氣地湊近我，他終於遞了句話給我：「包三兒，你真把我們這行兒給演絕啦。」之後他就沒影兒了。

4　意指比較廉價的酒，在當時約台幣八角一瓶。

06

如歌年少

八三

初進水牛劇隊，石在石大哥就很自然地關心我這新來的小老弟，我倆睡隔壁，全是行軍床，夜晚沒事兒兩人坐在床邊抽著菸，搧著扇子揮汗，一邊聊著自己的過去。

為什麼不到外面的大平台上聊天呢？因為，平台上，每晚都被那兩對兒談戀愛的佔用，還不時地唱著：「在這裡，我聽到大海歌唱，在這裡，我聞到荳蔻花香……」那首《慘然的微笑》。

後來，我們又認識了一位在「修理所」當幹事的唐少鶲，於是三個就經常混在一起，晚上在梧棲鎮唯一的水果店喝著咖啡，抽走私的進口菸。我們的錢也是混著花用，一發餉，唐少鶲就向所裡借部小吉普，哥仨跑到台中市看電影，吃飯，吃完再看電影。

深夜則唱著史惟亮教的《夜夜夢江南》：「昨夜我夢江南，滿地花如雪。小樓上的人影，正遙望點點歸帆……」噢，還忘了講，每次一發餉，三人會先到梧棲鎮上，曹老闆的照相館對面，碾米場隔壁的那家銀樓，每人先打它一只一錢重的金戒指。餘下的錢大家花，不分彼此。石在大哥中尉薪六十六元，唐少鶲少尉五十四元，我剛升准尉四十八元。

如果手邊的錢花光了，開始按順序，先賣石在大哥的戒指；再完了，唐少鶲的；之後，是我的戒指。如是者也不過十來天好日子，餘下是買兩元台幣五十枝一盒和四元一百枝的私菸。

那時天還不冷，每天都會到海裡游泳。海邊有一廢棄的大

破船，鐵的。有天，我就爬上船，從船頭跳到海裡，浮起來洋洋得意，不會兒，石在大哥也如法炮製，上船，船頭跳下。哇！比我跳的好，最少兩腿併攏了。一根菸的工夫，唐少鶏也不言語，爬上船，故意在船頭咳嗽一聲，一躍而起，再從上面筆直地入水，掀起的水花兒，一丁點。那天中午前，彼此都很少講話。

每回我們在「梧棲戲院」演出前，最盼的是，偷偷從台上的大幕後邊往下看前排觀眾席，有沒有那幾位漂亮的女觀眾，什麼連長太太、副營長太太來了沒？其實我們最期待的是「水果店」隔壁樓上住的那位唐營長太太。真是大美人！比我們那幾位戰車營的連長太太更美。全是二十初頭，一個比一個長得水靈。

唐營長太太一到，大家好像精神也都提起來了，我向來有「人來瘋」，在梧棲戲院演《樑上君子》那場，因為有她在場，我自覺是自己演得最好的一場。

一九五〇年春，獨戰二營調防，於是我們獨戰四營就從海邊搬到靠近梧棲鎮的原獨戰二營的營房。

一天中午前，唐少鶏興奮地跑到隊上找我們。原來在他那美軍防毒面具包裡，摅了一支日本十四年式手槍，剛發下來的，他就急著向我們獻寶。他將十四年式當我們面，一顆一顆地把子彈退了，然後，他就對著靠後門的方向開一槍。說時遲，那時快，就聽「唉呀！」一聲，我們那位臨時來幫忙做飯的小弟應聲倒地。

傻眼、發呆的情況下，我急用棉被堵住冒血的小弟大腿根，之後跑到外面抓了一部「吉普」三人送著小弟到鎮長家，梧棲鎮長是位名醫。老鎮長叫我們將小弟放到大台子上，十來分鐘後就聽「噹啷」一聲，一顆子彈出來了。

後來，我們仨，每人賠了兩個月餉，共三百三十六元。

老鎮長救了這十六歲的孩子，也救了唐少鷄，因為鎮長他老人家「仁心仁術」未將此事報與軍方跟警方。

對不起那位小弟，想來你已是七十九歲老人了。願上帝賜福你闔家。

07

所謂「金風未動蟬先覺」。

當我聽說我們的「獨戰四營」有可能要改編到「海軍陸戰隊」時，我想的與隊上其他人所想的可能不太相同，也比較複雜。

別的隊員們，可以「此處不留爺，自有留爺處」走人而已。而我不同，我原是從「衛生隊」上士班長調至「水牛劇隊」的。關於「水牛劇隊」這個單位，說實話，是虛的，是當年部隊長倪永壽拿些不同單位兵缺，再加「福利社」的福利金促成的臨時團體，再正確說，國家根本沒有這「水牛劇隊」的編制。

那，到時候，真要一改編，或解散水牛劇隊，我？不但不能離開，還得「歸建」。換句話說，我那剛剛開始不到一年的戲劇生涯，就成了「風吹雞蛋殼」了！怎麼辦？

也許成長與一般青少年不同的關係，處此情況，我異常冷靜。終於兩天後，我鼓起勇氣直奔政工室找主任。我跟主任報告，我說：「報告主任，您是剛到差，不知道我孫越當時調到話劇隊演戲有多困難。我從小就愛演戲，說相聲，過去在學校、在二〇八師當兵我都演過戲，而當年在二〇八師，因為後來沒有演出機會，我才開小差到上海。離開二〇八師時，還帶著曹禺的《原野》劇本跑的。我沒錢念『上海戲劇實驗學校』，加上國家動蕩，我跟著長輩到『獨戰四營』，陳憲欽營附了解我的處境，給我機會，於是我才進了『水牛劇隊』。

「現在，咱們若要是一改編，別人都可以走，我孫越就得

『歸建』，我不管將來我『歸建』到哪裡，都是個一般的軍人而已。但我要在軍中有編制的劇隊待下去，或許有點發展，未來還許有個出頭之日。我的將來就全在主任您手下的『大筆一揮』了。報告主任，您若有認識的，有編制的劇隊或『政工隊』請介紹我去，絕不給您丟人。要是沒有您認識的隊，請您高抬貴手，放我一馬，我這輩子也不忘您的大恩！」說著說著我還真掉了眼淚。

　　隔日，拿著「查獨立戰車第四營水牛劇隊准尉隊員孫越因病不堪任用，准予離職」這張蓋著關防的紙，那會兒沒影印機，要有，我非印它個千百張不可。

08

告別是件很奇怪的感覺，多少，還含有留戀的意味。

你熟悉的環境，你終日相處的伙伴，及一些原並不在意的，此刻你都異常珍惜。

拿著主任給我開的「准予離職」的那張紙，我慎重地放在身上，先不好意思地告訴張煜副隊長（此刻隊上已無隊長）及其他人，此時，獨戰四營已改編為裝甲兵第五三大隊。而我的恩人陳憲欽已當二連連長，我等他出操回來，也向他鄭重報告此事。他笑著緊緊握著我的手說：「珍重。」

石在大哥先我離開，到高雄要塞司令部的「金湯劇隊」找他的同鄉胖哥李冠章去了，唐少鷁也調去司令部受訓。

我跑到「衛生隊」找趙德霖隊長，他原是我小姑父的部下，我告訴他：「我要離開獨戰四營了，到哪兒去？我還不知道，反正是要去『幹戲』（就是從事戲劇工作），謝謝你帶我到台灣，謝謝你允許我離開衛生隊去演話劇。我小姑父送我的這把手槍（沒子彈）我留給你作個紀念（原先他向我要了幾次，我都未給他）。」這下他一時說不出話來，有點哽咽。我當下立刻便轉身跟我這群一起從上海來的弟兄們道別。

那晚，我沒跟衛生隊及水牛劇隊作最後餐敘，我說：「兩個隊都有恩於我，因為我自己的將來，連我自己都不知道，將大家的這份盛意留待將來吧。」

這晚，我獨自又回到了梧棲海邊的防風林，就是去年我帶著弟兄們到這裡砍伐的防風林，曾經擔心砍伐後東窗事發會

被槍斃。我面對著大海，回想我的一生（才二十年）：「九一八事變」我家當時剛好在瀋陽，母親緊緊地抱著還不滿週歲的我躲在臥室的梳妝台子下，她想，日本鬼子的砲彈不要打到我們家，若真打到我家，還有房頂，要是房頂打穿了，有梳妝台，就算萬一梳妝台也打碎了，她的後背仍能保護保護我。

我想，若不是父親移情別戀，我們母子也不會成為單親；若不是父親不再回家，母親也不會傷感憂鬱終至因病（心臟病）逝世。此刻我心中所思念的是母親對我的點點滴滴，我敬愛的慈母啊，我的明天會是個怎麼樣的明天？

母親，請您告訴我。

09

那會兒「幹戲的」男生，幾乎都愛帶著美軍的防毒面具包，不算大，不過說實話，我們也沒太多東西裝進去。我將《樑上君子》的劇本放在包裡，就像當年我從二〇八師開小差時，帶了曹禺的《原野》劇本到上海一樣。

想起當年排演《原野》那戲時，每天下午由指導員董曉鐘帶著我們到良鄉的城牆上排戲，戲是我們連上的才子王秉衡同學導演。等到黃昏就站在城牆上看著秋陽夕下，沒趕上看那蕭殺淒涼的人，無法想像那種景色之美。

那會兒在良鄉，我們是住在「燒鍋」（酒廠）裡。我們的第一排分配在燒鍋房裡，地上鋪著乾草，人就躺在那兒，冷了就蓋上軍毯，背包就是枕頭。

照說我們住在人家的酒廠裡，不該亂動人家的設備。但我們連裡有幾位，過去在敵偽時候當過「偽軍」幹部，可能說不定，還有些麻煩事纏身，就藉著「抗戰勝利」進入「青年軍」躲過去。他們老練、世故，一到晚上就幾個將燒鍋旁掛的木舀子，打開滴酒的龍頭，一滴一滴地進了舀子，滿了就輪流喝。我好奇，就湊過去也想嚐，他們就推我，「去，小孩子躲遠點！」把我推開。

好，等夜裡大伙兒都睡了，我就推起我旁邊的杜新生，悄悄地到「鍋爐」那兒，如法炮製。這頭一回嚐到真正的「二鍋頭」，幾滴入口，我倆就醺醺然地爬回去喇嘛了（醉啦）。

我們《原野》這戲，在良鄉的「城牆頭兒」上排了幾天，

上｜二○八師同連同學，我（前右）後面是賈種玉，左後二是劉鴻魁，右手
　　邊就是我的老班長吳大鵬，一九四七年在蘆溝橋駐防時，他嫌我髒，將
　　我棉被丟進永定河中；一九五○年他拿走了我的美軍獵刀，最後竟掉在
　　井中沒撈上來。攝於一九五七高雄。
下｜一九四六年，青年二○八師六二三團二連在長辛店槐樹嶺入伍之少年，
　　五十年後在台中相聚都垂垂老矣。左前三為指導員董曉鐘、左前四為連
　　長李國星。

又正趕上農曆的中秋節，大伙兒站在城牆上喝著酒賞月，一輩子忘不了那朦朧的景象。

順便再提的是，我們看以前電影裡演的《燕子李三》，真正的李三他家就住在良鄉城裡。民初李三被北京偵稽隊一抓進大牢，就把腳筋給挑了，只剩下李三的老娘。我跟杜新生想去那小黑土屋看看李三兒的娘，最後只見一個瞎老太太。

據說，李三是個偷富濟貧的義賊，能從良鄉連夜趕到北京城作案，天不亮再回來給他娘挑井水。

這回我帶著《樑上君子》劇本、字典，及那件在台南市場買的美軍夾克，現在全部家當就這點兒。我的「私槍」送給趙隊長，美軍獵刀也被我二○八師的老班長吳鵬（原名叫「吳大鵬」）給拐走了。除了夾克，其他全塞進防毒面具包包裡。

到哪兒去？早都想過，就是沒準答案，冒點險試試，誰叫我是孫越呢。

最近的劇隊是「金剛」（裝甲兵第三團的），在台中市大廟裡，那兒，我認識常楓常大哥，去年（一九四九）剛到台灣時，他就常常跑到梧棲找他的東北老鄉王凡大哥、胡光、張煜聊天。但我又自覺與常大哥沒有深交而作罷。最後只有到高雄要塞司令部的「金湯劇隊」找石在大哥去碰碰運氣。

火車（霸王車）坐了多久不知道，下車又邊走邊問，終於在鬧區「大舞台戲院」旁找到在樓上的「金湯劇隊」。石在大哥很熱情地招呼我，再介紹詹隊長給我認識。詹隊長是位帶著

深度有色近視鏡的瘦小個兒，很客氣，那會兒那個單位都有幾個住閒落難的，也就見怪不怪了。完了之後，再將我介紹給隊上的大伙兒。

當然胖哥「李冠章」是第一位，因為他也是副隊長，之後王遜、周仲聯、費雲，還有金彬與金莉姊妹等幾位。當時，「金湯」正在演《雨過天晴》，演出時，我就跟著去看，去觀摩，順便也幫幫忙，搭搭景片，不能白吃人家。

沒戲時，石在大哥就帶我看電影逛街。其實那會兒全心想著胖哥能說句：「老弟，你就留下來吧。」但日復一日，十天都過去了，還沒影兒，石在大哥也跟胖哥有意無意地提了好幾次。

終於一天晚上，胖哥在石大哥面跟我說：「老弟啊，石在跟我提了好幾次，我也跟隊長提了你，剛剛隊長跟我說，實在沒辦法，司令部就這麼多缺。抱歉老弟！我給你寫好一封介紹信，陳大斌在南投海軍陸戰隊二旅成立了話劇隊。可能機會大些。」

我真謝謝石在大哥及胖哥兩位對我的盡心，我向他們二位敬個禮，將我那點細軟裝好。正要走，胖哥、石大哥讓我明天一早再走，我哪兒有這心情啊，含著淚我說現在就走。

走下樓，石大哥趕下來還是留我。我跑了，一口氣跑到高雄火車站，一個人坐在那兒發呆，看看火車時刻表。看不懂，縱貫線上沒「南投站」？問車站站員，他告訴我要在台中轉車。我說：「到南投今晚幾點有車？」他回：「沒有車啦！」好巧不巧，此時憲兵走過來問有什麼事，我說我要到南投，他看看我，

說：「證件。」我說：「有。」連水牛劇隊的准予離職，再加上胖哥那封介紹信一起拿出。

這小子大概沒見過這樣證件，再看看我全身，軍不軍、民不民、沒階級、沒符號，還沒帽子。「走，隊上去！」隊上就隊上去。到了憲兵隊，那小子把我證件給他班長看，又向「高雄要塞司令部」打電話，又轉「金湯劇隊」，就聽胖哥在電話那頭說：「老弟，告訴你明天再走，你非走，現在高雄宵禁。」

我在憲兵隊看守所關了一夜，但內心還有點暗暗的竊喜，這是多難得的「生活體驗」啊。

10

由台中轉上到南投的火車，發現在我對面坐的，是位女同志。

一身整潔的女軍服，漂漂亮亮，沒戴軍帽，好像有點混血，有點讓我心裡篤定下來，她一定是「幹戲的」，說不定就是我要去的那個隊。果然她也是南投下車，到了一條街口，她向右轉去，我等她走遠了，一對胖哥給的信上路名，正是我要去的隊。這叫「篤定泰山[5]」，於是我先轉到別處找地方吃飯，等會兒要見人，就得精神飽滿的去見人。

沒多遠，一個賣滷肉飯的攤子，坐下來看了半天，我跟老闆說：「滷肉飯，請飯多給我點，滷少點沒關係。」人家老闆見過世面，看我準是「落難人」，結果給我飯多滷也多。六十幾年來，滷肉飯是我最愛的飯食，多少有點心裡感恩的意思。

原來劇隊是住在一個農家，像四合院的房子，找到了陳大斌隊長，他也是深度近視眼，我把胖哥的信掏出來，他看過之後問我：「行李呢？」我一聽安心啦。我說：「我沒行李。」「沒有沒關係，這兒有。吃飯了沒有？」我一含糊，他說：「于倩，給孫越弄點吃的。」一口京片子。我抬頭一看，嘎，于倩就是剛剛同車來的那女孩兒。之後更知道她是我們副隊長周子驤的太太。當天也同時認識了孟廣業、陳靜、周麗、隊長太太小杜、兒子陳德容等。

5　滬語，意指：像泰山那樣穩定，用來比喻有絕對把握，不用擔憂。

一九五四年初秋，好友編劇葉青至台南看我，並送了我一張當票，我至台中
當舖贖出後，穿了第一套屬於自己的西裝，攝於台南公園。

接著我又把于倩做的蛋炒飯吃光，于倩問我：「你既是來我們隊，幹嘛不跟我走？」我回：「我不敢，怕妳拿我當壞人。」

隊上再過兩天就要排新戲了，趁著空兒，就四下裡逛逛。

一天午後，在一個田埂上走著，迎面來人讓我一愣，我向來人一叫：「劉鴻魁！」

「嗄！你小子！」劉鴻魁是我二〇八同連的，而且一塊兒演過老舍的《國家至上》。後來，是我先開小差去了上海，之後他也跑了。如今他是陸戰隊的中尉排長，剛從海南島撤到台灣，也駐防在附近。此時他手裡拿了把日本大戰刀，我看了看，他說：「你要，你就拿去，我還有一把。」

我們是新成立的劇隊，為了給陸戰隊司令部演出，因此又從台北找來兩位都是國立劇專的李果、魏平澳，排的是《忠義千秋》，我演的是老王。排練之間，又來了位葉季青（編劇，又叫「葉青」），大家相處得很好，其中我跟副隊長周子驥夫婦、葉季青混得熟，我管葉季青叫老葉，他的菸就是我的。等後來，他也沒菸了，正在此時，來了位傻小子，叫龔祥，鎮江人，與我同年生，沒幹過戲，跟我們很客氣，不時就給我跟老葉菸抽，我們也故意找話跟他聊？就為了他的「菸」。再過一陣子，連他也沒菸了，大眼瞪小眼，最後大家都乾瞪眼。

戲排好了，要到左營「陸戰隊司令部」演出，龔祥被派做道具，他沒幹過，我說我剛演戲就是道具兼演員，你跟我走，反正我白天沒事。

　　我倆到了左營街上，我是看到什麼都想吃，起初，他沒多想，等我要再吃冰果店的四果冰時，龔祥懦懦地說：「錢不夠了。」我回：「錢不夠，咱倆吃一碗。」他又說：「是買道具的錢也被我們花得不夠了。」

　　剎那，我如冷水澆頭懷抱冰。

　　半晌兒，我說：「你聽清楚，等會兒我們進『香燭店』去，我跟老闆聊，趁他不注意，你就拿。」

　　他說：「那不是偷嗎？」

　　我回他：「這叫『變』。窮則變，變則通！變完咱們就走。」

　　等從「香燭店」出來的時候，龔祥這小子手還在發抖。

11

　　我們的隊長陳大斌先生，河南項城人，北京「燕京大學」畢業。曾在民初袁世凱大總統府裡長大，與袁世凱孫子是髮兒小[6]，後來又是燕大同學。他為了著迷於「幹戲」，將自己大好的關係、前程，都拋諸腦後，且終身無悔。

　　海軍陸戰隊司令部演出的那場，其實就等於是驗收。這個隊仍與我在水牛劇隊一樣，陸戰隊第二旅只給了我們陳大斌隊長幾個兵缺，更慘的是，不足的經費，要自籌，也沒福利金貼補。於是孟廣業、李果、魏平澳都相繼離開了隊。我們到處演戲，到處收零碎銀子，只為了果腹。

　　有回，一天演四場，早上國小的小學生進場，我跟龔祥拿著帽子接零錢，倒也沒覺得如何。本來嘛，小學生聽校長說要看戲，每人五角。隔天就帶到學校大禮堂給演戲的人，當然都是用我們收到的零錢。六十多年前，在鄉下五角很大了。對我來說，沒什麼難為情的，這也算是難得的「生活體驗」嘛。正規的軍中劇隊不幹這事兒。

　　一天清早，副隊長周子驥拉我，讓我代表他去鳳山八十軍軍部找王生善隊長談，看有沒有機會，我們到他的隊上去。我當天往返，帶回來的口信是「請再等等」。

　　更有一天晚上，隊長陳大斌異於常態地，叫大家趕快集合。大伙兒沒摸清他「葫蘆裡賣的是什麼藥」？

6　指一起長大的哥兒們。

一九五〇年冬，我們加入空軍警衛司令部「空衛劇隊」，每人一套量身訂製的新軍裝，神氣也。前左起：周麗、陳靜（陳大斌隊長妹）、龔祥；後左起：孫越、陳德容（陳大斌之子）、老劉（他原是來向陳大斌隊長要債的，最後也成為隊員）。

　　滿滿的，擠擠的一屋子人，都擠在隊長的家裡，此時空氣凝滯，只感覺有人喘大氣跟滿屋子也瀰漫了菸味兒。眾目歸一，全瞅著隊長他那張「燕京大學」的臉。

　　只見他的臉，愈繃愈緊（現在管繃著臉叫「酷」），「啪」的一聲，隊長他老人家由包兒裡掏出一大疊子鈔票！他說：「把咱們欠的房租還了，剩下的算算多少，大伙兒分分。」嘿！這勁頭兒，有夠江湖！

　　我沒待過土匪窩，可京劇《連環套》裡竇爾墩有段唱：「將酒宴擺至在分金廳上……」（後來共產黨改為「聚義廳」，真像賊窩裡大伙兒分贓的勁兒。）

　　原來，今天一大早隊長上台北，是與空軍警衛司令部的易國瑞司令見面，與易將軍談好了未來話劇隊編制、經費（但話劇隊所有人員還是要佔兵缺，沒實缺，不足之數，福利金補

足），大家一聽欣喜若狂。

我們終於離開了那半溫不飽的隊了。

在寒雨的下午，我們向台北空軍警衛司令部報到，還絕未想到，就在現在台北市小巨蛋的對面。先安頓我們在司令部的大客廳休息，接著易國瑞將軍由政治處主任陪同，跟我們見面，一一握手，笑著對大家說了幾句歡迎的話，就要我們再等下。

一會兒工夫，兩位裁縫師傅給我們來量身，要訂做軍服。這時候大家樂得都闔不攏嘴了。在軍中好歹我也待過幾個單位，我看，除了蔣緯國將軍的軍裝是訂做。這是台灣？這是真的？為什麼我們好像有點在作夢！

三天後，我們這批像「散兵游勇」的「幹戲的」男男女女個個神采奕奕，都穿上了漂亮的軍服，是訂做的吧！

12

　　我在空軍警衛司令部報到沒過兩天的午後，司令部政治處來人請大家到大禮堂集合。

　　接著，禮堂裡抽菸的抽菸，疑惑的疑惑，正在此時，從外面絡絡續續地進來些人，一看這類打扮就是「幹戲的」。更意外地，其中竟然發現我在天津「志達中學」的同班同學李春林，還有他的新婚妻子石平。

　　政治處主任希望我們成立一個很強、很突出的劇隊。但中國人的習性，總要分你們跟我們，所以最後兩路人馬毫無交集點，更重要是另一撥的負責人蔡明（就是後來創辦青年中學的蔡董事長）告訴司令部政治處，他的人手已夠了，不需要跟我們合併。

　　這一聽，好！你蔡明看不起我們，我們也不承認你們這群福州佬！最後，政治處在兩難下做了決定，先分兩個隊，我們這批先到，我們是第一隊。每隊十二個人的兵缺，不足之數，自己想辦法。

　　任何一齣戲，前後台加起來，都不止十二個人，這怎麼辦？周子驤說：「我們招兵買馬去。」人處在危急的時候，最是團結。沒關係，十二個缺，我們養他二十個人。

　　湊巧，此時子驤青島的哥兒們戴秉剛來找他玩兒，周明跟沈敏（女）也來我們隊，再加上舞台設計的朱竹君，以及李立、趙麗芳夫婦、還有我的石在大哥跟張妮夫婦、曹健的弟弟曹平、劉勤忠（原是上海十六浦賣水果的小販）、趙鵬等等，

已超過二十個人。

我們仍演《樑上君子》，這次我跟曹平分Ａ、Ｂ制演包三兒，周明演屠副警長，沈敏演律師太太，效果甚好。除了司令部那場及政治處安排的演出，餘下的時間我們就拚命在外面演出掙錢，為的是十二個缺要養二十來口子。

即使沒說，但周子驤與我都有預感，我們得另起爐灶了。

我再下鳳山到八十軍找王生善隊長。

王生善隊長與我在鳳山冰果店密談兩小時，得令後北返。接著，與大家談：「願意與我們到鳳山八十軍軍部的，我們二月十六日一早出發。」

一九五一年在台北中山堂白天，看完戲劇節演出的反共戲《八仙過海》，導演是張英，演員有魏平澳、李果、李行、白景瑞等，李行、白景瑞兩位當時還是國立師範學院的學生。

結果，最後乘早班火車與我同行的是周子驤、于倩、石在、張妮、李立、趙麗芳、龔祥、劉勤忠（伙夫）、趙鵬等。

13

幾年來，我為了「幹戲」這行，過的算是流離失所的生活。

說起來，我在陸戰隊的話劇隊算是中尉薪，在空軍警衛司令部話劇隊是上尉薪，可是兩個隊加一起，我們大伙兒，都有六個月沒拿過薪餉。但也過去了，除少數人因另有「高就」之外，倒也安之若素。幹戲嘛，當然要吃點苦（誰規定的？）。我沒參加過八年抗戰（年齡太小），但是仍循著戲劇的前輩，事事以國家、社會、團體為重。也許這就是我們這群在軍中「沒實缺幹戲人」的宿命吧，無憾！

由北向南下，站站復站站，終於到了「鳳山火車站」，陸軍八十軍政治部李秀文副主任及王生善大隊長迎接著我們。

次日一早，王生善大隊長先找周子驤與我，告訴我們，今天下午請大家辛苦一趟，要到鳳山「看守所」去辦個手續。我們以散兵游勇身分做個「筆錄」，然後在隊上就算有了缺，不足之數，仍是福利金貼。

老實說，我們這些人已經了解了軍中此刻對「劇隊」的方式，絕非當年在大陸那樣，想幹什麼就幹什麼。一九五一年開始，國軍人事上了軌道，後來上面向我們一解釋，大家都沒二話說。

原來，收容「散兵游勇」的看守所就在鳳山火車站前，直走向左拐的街上。管這事兒憲兵一看中吉普送來的這些人，穿的也不像真的到處流浪的「散兵游勇」，再加上王生善一身中校軍服，跟我們有說有笑的，於是就知道我們這群也非「等閒

一九五一年，我演《桃花扇》中的蘇崑生師傅，前大隊長王生善教授特來鳳山探班。

之輩」。

　　輪到我，憲兵問：「叫什麼？」我說：「陳得用。」輪到戴秉剛，這老小子一聽我叫「陳得用」，他立馬說：「我叫崔一鳴。」

　　大家辦完了兵缺手續回來「康樂大隊」。此時雖然「康樂大隊」的編制，國防部還沒正式下來，大伙兒也知道為期不遠了。王生善是大隊長（實缺）、劉璞是副大隊長（佔兵缺的）、周子驥是少校話劇隊隊長、不材我是上尉隊附（佔二等大車兵的兵缺），當時上尉薪是七十八元新台幣，二等兵是七元五角。

　　吁了一口氣，這下總算進到一個可以安身立命的「話劇隊」了。當時隊上原有的隊員像姜龍昭（後來是名編劇）、汪漺（女生）等；可是我第一次來找王生善隊長時，那位高個子，對我熱誠接待的韓副隊長怎麼沒見到？老人全都含糊其詞，久了之

一九五一年，話劇《桃花扇》劇照，我飾演蘇崑生，為教導李香君曲藝的師傅，並曉以愛國大義。左為李立飾演的侯方域。

後才知道，被抓啦，為什麼？說是「匪諜」！（到現在我都懷疑，可能又是樁白色恐怖。）

到八十軍第一個戲，是我跟汪淥演的《雨過天晴》喜劇，乏善可陳；接著排古裝大戲《桃花扇》。編劇是周彥，在大陸沒出來的，那會兒叫投匪；導演劉璞，他是王生善國立劇專的小學弟。

《桃花扇》的故事是描述明末江南名妓李香君跟四大公子的事。我看我長得不像「公子」，讓我演李香君的師傅蘇崑生（歷史上有這一號人物）好，他教香君知道「忠孝節義」；要角之一的阮大鋮則是周子驥演。

此時，王生善大隊長已奉命調至國防部剛成立的「政工幹部學校」，參予籌備工作。因他是梁孝煌將軍在五十軍時的老部下，故此沒有二話，立即去了政工幹校報到。兩個月後，

陸軍八十軍軍部康樂大隊合影，第一排：龔祥（左二）、汪淼（左四）、張妮（左五）、于倩（左六）、鄭筠（左七）；第二排：范明（左一）、戴秉剛（左三）、石在（左四）、陶懷德（左五）、周子驤（左六）、王生善（左七）、劉璞（左八）、孫越（左九）、張弓（左十）；第三排：蔡開炳（左三）、李立（左六）；最後一排：成介中（左七）。

王生善請假回鳳山看我們演出，次日他心癢，上去演了一次阮大鋮。

　　我的母親去世後，自己根本沒想過「生日」這檔子事，某日傳令兵送來一封信，是王生善大隊長由北投復興崗寫給我的，內容不講了，最後是「祝我生日快樂」。

　　六年來，不是離亂就是為要「幹戲」而奔波，竟然在忙碌中的長官仍能記得遠在南部鳳山的舊屬生日，更願動筆寫信給他的昔日部下祝賀。這是我終身難忘的恩情之事。

14

　　《桃花扇》的演出還很受歡迎，但我才二十一歲，生活歷練又不夠，更沒真正受過戲劇訓練，蘇崑生蘇師傅這角色，對我來說太沈重。一個老教習的心情道出「哀江南」的意味，仍非我這淺薄的演員所能勝任。所幸，軍中觀眾看熱鬧，再有就是包容。

　　後來終於讓我想起電影裡劉瓊演的「國魂」，他飾演文天祥，最後被關在元兵的大牢裡，閉目坐在草蓆上，對陶金所演的元兵大元帥說出「天地有正氣，雜然賦流形，下則為河岳，上則為日星……」道出正氣之源。好，我練練。

　　趕緊買了本《古文觀止》，偷偷地朗誦「天地有正氣，雜然賦流形……」，念著、念著，覺得不對啊，文天祥〈正氣歌〉裡缺少舊地重返、國破家亡在那分感慨，還是換杜甫的〈春曉〉？「國破山河在，城池草木深，感時花濺淚，恨別鳥……」也覺得有問題。人家文天祥是文天祥，杜甫是杜甫，那蘇崑生，不過是一個傳授曲藝給歌妓的坊間師傅，他沒有文天祥、杜甫的身分地位，不過是個秦淮河旁的一位深明大義的曲藝師傅罷了。

　　乾脆，唉，慢慢自己體會吧。江湖的老藝人，希望透過他的愛徒李香君對侯方域曉以大義。捉摸、體會之後也就演出了，幾十年後回想，自己仍覺汗顏。

　　倒是那年有件事，一直認為好玩。我們八十軍軍部駐防鳳山「灣子頭營區」，除了八十軍軍部外，還有「南防部」、「儲訓班」等單位。當時曹健、錢璐、王宇、汪蕊、馬玲、黃河、

吳國良、陸地及馬漢英等已離開「火牛劇隊」，而到儲訓班劇團。

　　一天，馬漢英到我隊上找我，說高雄陸軍服務社有個「屋頂花園」，歸他朋友李季管這事。馬上就要開幕，孫玉鑫「說書」、咱倆「說相聲」，一杯茶賣一塊五毛，他五毛、我五毛、你五毛。當然這事不能讓隊上知道。

　　只要不演出，不下雨，兩人天天說，最捧場的是左營海軍軍區的那些哥兒們，多是平津一帶的，也有從屏東「大武營」傘兵部隊來聽的哥兒們。有趣的是，我倆台上說，他們台下說，

馬漢英（左）與我在一九五一年時，曾在高雄「陸軍服務社屋頂花園」說過相聲，左二為徐楓、左三為資深媒體人高愛倫。

不是攬局，是好玩兒。下了台，這些軍中朋友們還請我們喝酒。

有一晚，未開場前，來了兩個人，是說相聲的侯瑞亭與王祥林，他們是跟著京韻大鼓劉寶全的大弟子章翠鳳一起南下高雄，在「國貨公司」演出，過來了解一下我們說相聲的狀況。

第二天清早，我就到「儲訓班」找馬漢英，我說：「小馬，咱們不能說了，人家靠這吃飯的來了，咱們得讓人家，因為我們有薪餉。」散了罷，就不再去陸軍服務社的屋頂花園了。

但，事隔多年，有件百思不得其解的：一杯茶一塊五毛，我五毛、小馬五毛、李季五毛，那人家說書的孫玉鑫不是喝西北風去啦？

15

一九五一年秋，國防部政工幹校開始招生，我隊的汪淥、姜龍昭，考入第一期影劇科；胡惠珍考入新聞科；龔祥離隊回台北半工半讀；成介中離隊，進入陸軍總部音樂室擔任音樂教官（國防部聘雇人員）；周子驥、于倩夫婦離隊另有高就；石在跟張妮這對也走了；趙鵬離開後進入屬於上海滑稽[7]的「小快樂、張宜宜劇團」管燈光外帶保鑣，幾年來的風雨奔波，此刻我的心也算定了下來。

當時看電影如上課，讀書也成了正常習慣。記得，這年有兩部電影印象極為深刻，一部是獨立製片《同是天涯淪落人》，由義大利名演員維多利奧‧甘士曼所主演。描述一個在東歐國家的青年，為嚮往民主自由而在紐約港跳船下來。結果，美國移民局到處逮捕他，他不斷在逃，最後，在一個深夜，他走投無路時，跑進了「聯合國」大廈，在空蕩蕩的「人權委員會」向著空氣在控訴「人權」何在？這部電影我看了六次，也哭了六回。

我從小就同情弱者，我們家對佣人、車夫都好，甚或是動物受虐，也非常難過。記得幼年在上學，途經「黃家花園」，見寒冷清晨，雪後地上都結了冰，駄「甜水車[8]」的驢子在冰上

7　於抗日戰爭中期新興起的劇種，由上海的曲藝「獨角戲」接受了中外喜劇、鬧劇和江南各地方等戲曲的影響而形成。包括兩種形式；一、戲劇劇種的滑稽戲；二、曲藝樣式的獨腳戲。

8　當時每個家庭的自來水都是鹹水，井水是甜的，凡沖茶、做飯，所有入口的都用甜水，甜水車即為用來運載井水的車子。

滑跤，趕車的人狠狠地用鞭子抽打那驢子，每一鞭，都能帶出血痕。我當場在車上大哭，之後，久久不敢走近黃家花園靠「紅屋書店」的附近。

那年另一部好電影是黑澤明的《羅生門》。此片第一次未全看懂，三次後，才了然於心。

我看電影很執著，不懂再看，不懂再看，到看懂為止。當然，我說的是好片子。

當年做舞台劇演員，也只能觀摩，誰敢公開讀史旦尼斯拉夫斯基[9]的《演員自我修養》（An Actor Prepares）？或鄭君里的《角色的誕生》？再說，你要想讀，也沒書啊。

之前在學校及二〇八師時，我只看過寫《風雪夜歸人》的吳祖光所寫的《演員手冊》，還有閻哲吾在山東出的書。閻老師從前在山東濟南「民眾教育館」，訓練愛好戲劇的青年。我到了台灣之後，遇見一些當年「國立劇專」畢業的朋友才知道，閻老師也在「國立劇專」教書，頗獲好評。

說來我是幸運的，有書看。而到台灣後，我正式讀的第一本是李辰冬教授的《文藝心理學》。電影更甭說啦，一九五〇之後，也就是第二次世界大戰後，歐洲的法國、義大利、英國、德國，還有日本電影界，都在復甦，再加上中國電影（一九四九前），國共內戰期有好多好電影。當然還有原就富有的美國好萊塢，簡直就是「夢工廠」。我真是太滿足了。

9　Konstantin Stanislavsky，一八六三～一九三八，俄羅斯著名戲劇和表演理論家。

16

一九五二年高雄來了一個「大喬魔術團」，主角身兼負責人是當年在大陸某兵團的中將參謀長張燕喬將軍。

我和戴秉剛看完電影沒事兒，就逛到有魔術的那家劇院，看看魔術師的表演還真棒，只是……終場後，我跟戴秉剛到後台，我把看過的感覺告訴張將軍，我說：「您的魔術讓南部觀眾大開眼界，只是沒有強的節目給您墊著，不可能您一個人由頭到尾，那多累，您要不要讓我們哥兒倆給您墊個短劇，增加點氣氛？我們不要錢，只是好玩，今晚我們哥兒倆先上一場，讓您瞧瞧。」

當晚我跟戴秉剛倆人演了一場「文明戲[10]」，戴是老爺，我是佣人。全劇約三十分鐘，大意就是：老爺經人介紹，用了一個笨僕人，笑話就一連串發生，最後老爺被笨僕人搞成瘋子，笨僕成了老爺，老爺反成了僕人。

台詞少，動作多，台下笑成一團。那晚張將軍送了我們兩條香菸，殷殷叮嚀，明天一定要來。

次日，好巧不巧，我們前大隊長王生善休假到鳳山看我們，中午，我跟秉剛帶他到高雄陸軍服務社吃午餐，之後去「大喬魔術團」。我向他報告，我倆演個文明戲給你看。

輪到我們的「短劇」，由頭到尾他都跟著大笑，我心定了。晚餐時，他跟戴秉剛說：「秉剛，晚場你讓我演。」那天我們

10　Crude stage play，產生於清末，為中國早期的話劇，在上海一帶流行。特色是演出時無正式劇本，可即興發揮。

過得真快樂。

我想到的是，學院派的老師跟我們玩兒；大隊長告訴我們的則是，文明戲讓他回憶到中國抗戰時期時，他們演過的《放下你的鞭子》。想的是平行兩條線。

17

　　一九五二年夏末，我們隊排了齣莫里哀[11]的《慳吝人[12]》改編的《錢》劇，特別還請二〇六師政工隊的陳萬里[13]來演主角老財迷。這個戲，劇本好，男主角上官亮也演得好，在各地部隊演出時，由頭到尾笑聲不斷，極受歡迎。我演的則是老財迷的帳房先生張永慶（也叫范立漢）一角。

　　有一晚，我們在軍部演完後，那扇通往觀眾的門開處，就見到有個一臉稚氣、帶著好奇的眼神看著我們這些臉上塗著油彩的男女演員的女孩兒。她緊緊地跟在她乾媽潘潔漪先生（當年在上海拍電影的女演員）後面，還是被我們大隊長發現。

　　大隊長看她一身整潔的軍裝，好奇地問：「妳在哪個單位？」潘潔漪先生替她回答：「她是二〇六師野戰醫院的護士，剛受完訓。我是她的病人，這孩子可乖啦，我現在病好多啦，所以特地帶她來看你們演戲！」

　　接著，大隊長直接問這個小護士，戲好不好看？她怯怯地笑著回：「好看。」隊長又說：「要不要調妳到我們軍部話劇隊

11　Moliere，一六二二～一六七三，本名哲安・巴普提斯・波克林（Jean Baptiste Poquelin），法國喜劇作家、演員，亦為法國芭蕾喜劇的創始人。

12　*L'Avare*，又譯《吝嗇鬼》，於一六六八年上演，劇本取材於古羅馬喜劇家普勞圖斯（Titus Maccius Plautus）的《一壇黃金》（*Aulularia*），描述嗜錢如命的男主角要兒女專挑有錢人結婚的故事。

13　一九二七～二〇一二，藝名為「上官亮」，為台灣電視公司開創初期的著名兒童節目主持人。

來？」她回：「我不會演戲。」

　　國防部正式編制下來了，各軍團、各軍軍部有「康樂大隊」，軍部是四十四人編制。這下有意思了，我從軍部「輜汽營大車連」的二等大車兵，再調至軍部「康樂大隊話劇隊」還是二等兵，姓名也由在鳳山看守所臨時起的陳德用改回孫越，反正上尉薪餉沒跑掉還是新台幣七十八元就行。

　　大隊長周樂民果然真有辦法，一個半月之後，那位在野戰醫院受寵的十八歲小護士，竟成為我們「話劇隊」的隊員了。

18

　　有一齣反共劇《長白英雄傳》，編劇是趙之誠，好像我們第十軍話劇隊是最先演他的劇本。那時，各軍中有編制的話劇隊，人才也慢慢多了，經費不是問題，主要是看軍政治部主任支不支持。

　　我的隊運氣好，歷來政治部主任都支持，先是蔣得主任，後來又是阮成章主任都支持。我們周樂民大隊長，原是憲兵團的主任出身，可是他熱情、肯幹，又願聽我們的建議。他從國防部總政治部、軍團部政治部都有熟人，所以全隊也服他，大伙兒一條心。

　　一九五三年夏境天兒，政工幹校戲劇科第一期畢業同學，分發到我們話劇隊有三位：張曾澤（原為某通訊台長）、戴化民，還有張永祥。張為山東流亡學生，澎湖司令官李振清將這批流亡學生逼入部隊，後來他由澎湖九六軍考入幹校一期。再加上從二〇六及其他單位也調來的幾位：史偉是二〇一師調過來的；胡俊、還有抗戰時期演劇四隊的程杰，程杰是從第十軍軍官戰鬥團（團長吉星文將軍，蘆溝橋開第一槍的吉團長）調來；還有陳榮，原是跟「火牛劇隊」由上海來的，不知怎麼三調、兩調，竟成了「軍官戰鬥團」的人，最後也來到我們隊上。

　　那年我們演出了《海》、以及《英雄美人》，還有《亂世佳人》——不過是個家庭喜劇，與美國好萊塢克拉克·蓋博、費雯麗所拍的《亂世佳人》毫無關係，因為是喜劇，所以很受歡迎。就憑這點，自視過高，因此國軍全國康樂大競賽時，我

們就以此劇參賽，初選就被淘汰下來（評審公正）。當知道我們被初審淘汰後，我們竟沒捫心自問，還在夜郎自大，這真叫活該。

　　那年最後，我們演出《虎港漁歌》，汪揚是編劇，好劇本，演出效果也獲好評。

　　那年十一月五號，我送給「小護士」一個十字架的小項鍊，做為她十九歲的生日禮物。

一九五三年小護士生日那天，我送給她的第一件禮物，就是她胸前的十字架。

19

我們第十軍軍部一九五三年六月，由鳳山五塊厝營區調防至台南市「陸軍醫院」對面，最早是「日本軍第二聯隊」的軍營，現在是「成功大學」的光復校區。一進大門就有棵大榕樹。我們那年代還延著日治時代稱「旭町營房」，軍部就搬進這個營區來。

駐防台南市，對我們話劇隊來說，真是太好了。想借書，圖書館就在游泳池旁邊，台南在當年是出版社、書店很多的城市，藝術文化氣氛很濃，很多攝影家、音樂家出自台南。台南人大多會跳舞，特別是跳「探戈」，地下舞廳盛行。

台南市是個藝文豐盛的城市，還有，那時電影院也多，義大利、法國、英國蘭克公司，美國片更甭提，克拉克‧蓋博（William Clark Gable）、勞倫斯‧奧利佛（Laurence Kerr Olivier）、亨佛萊‧鮑嘉（Humphrey Bogart）、亨利‧方達（Henry Fonda）、平‧克勞斯貝（Bing Crosby）、泰倫‧鮑華（Tyrone Power）、葛雷哥萊‧畢克（Gregory Peck）、卡萊‧葛倫（Cary Grant）、卻爾斯‧勞頓（Charles Laughton）、卓別林、詹姆斯‧梅遜（James Mason）、金‧凱利（Gene Kelly）、佛倫‧亞士坦（Fred Astaire）、詹姆斯‧狄恩（James Dean），還有丹尼‧凱（Danny Kaye）等很多大明星。以及我少年時的偶像埃爾‧弗林，後因為他私生活問題，電影就不多了。

同時，也有國語片、台語片、日本片等等，還有一些一九四九年前中國的老電影，像是謝添主演的《滿庭芳》。當

時我跟張永祥就是在一條小街（也是我們走往鬧區的必經之路），有個破廟改成的小電影院裡看的。幹戲的人是戲痴，看電影不在意電影院大小好壞。當時台南電影院有「南都」、「赤坎」、「大全成」、「延平」、「世界」等十餘家。

在隊上，我不是屬於真好讀書的，像張永祥、陳榮、張弓、龔策他們才是。

後來張弓退伍當了和尚，法號常逸。早期台灣的佛教某雜誌就是他主編。

我有時因電影看完，才去找書看。像日本電影，早川雪洲主演的《悲慘世界》（孤星淚），大仲馬原著，我看過電影再去找書來讀，《基督山恩仇記》也是如此。遺憾的是，卡繆寫的《異鄉人》我是先看了書，而且對主人翁心態竟然可以完全接受，如書中，他的母親死了，而他卻去找女人宣洩，我覺得他不只是發洩性慾，也發洩他那說不出的自我譴責。可惜這部《異鄉人》電影我等到五十年後才在台北看到。

我們搬進了台南市，真是如魚得水，好書、各國好電影都有，當時香港「電懋公司」人才多，還有一個「亞洲公司」也拍了許多好電影，至於「邵氏公司」還落於後面。

但是，無意中卻發現「永華公司」，在一九五四年出品了一部由李翰祥編導的《雪裡紅》，由李麗華、葛蘭及羅維主演，演員陣容還有：王元龍、吳家驤、蔣光超、劉恩甲、紅薇、尤光照等等，連從上海到香港來的臨時演員領班劉仁傑都參加了

演出，大賣座。我也在小戲院看了石揮、李麗華在一九四八年時主演的《艷陽天》、謝添主演的《滿庭芳》，而王引主演《長巷》是那幾年最好的香港電影。

其中我個人偏愛的演員是王引、陳厚，以及剛剛由特約演員躍起來的楊群他們三位。王引前輩是我自小就愛的性格大明星；對陳厚這純是我的偏愛，因為他像個電影明星；而楊群哪怕只給他幾個鏡頭，他也表現得「恰到好處」。

後來，除陳厚外（因為他很年輕就逝世），王引前輩及楊群，我不但有機會同戲演出，更有機會與他們深厚接觸。還有，大家的小咪姊李麗華、嚴俊兩位也是。

老友聚餐，左起：蔣光超、孫越、常楓。

一九六五年拍攝香港新華公司的《浪淘沙》，與我偶像王引前
輩合照，攝於高雄。

20

到了台南，自然就與當地駐防的裝甲兵戰二團「捷豹劇隊」我們的「三四〇師政工隊」及台南師範學校教藝術科的胡老師走得很近。

捷豹的隊長鮑惕俠（畫家），副隊長是陶國器（國立劇專），隊上有：劉苦（燈光師兼導演）、楊蒼生、李容身、程沉、何松祿、田辰等人。至於三四〇師政工隊的隊長是吳宗淇（日本藝術學校出身），隊上有：嚴昌明（聯勤特勤學校音樂科，與我們軍部軍樂隊陶懷德隊長同學）、龔敏、薛沂等人。

為了難得的這種機會，大家選在一九五三年二月十五日第十一屆戲劇節在台南演出《長白英雄傳》，由趙之誠編劇、吳宗淇隊長導演，布景設計是師範學校藝術科胡老師。場地則借台南省立一中排戲。

《長》劇主要三個戲重的角色，分別由楊蒼牛演金城、戴秉剛飾游擊隊長王和尚、我演政委江軍，而張曾澤則飾新聞記者蕭仁。全劇八、九十口子，大陣容。

我們的《長》劇，到處公演，有回在我們第十軍軍部演出，戲才演到一半，有一個老總突然情緒激動，撿起塊石頭就對台上的我丟。一邊丟，一邊用四川話罵：「我日你過先人板板地！」就在此刻，軍部參謀長趕快站到台口，面對觀眾，反正戲走樣了。而原本站在我面前對戲的演員，此刻都警覺地和我保持距離。

戲結束後，我特地找那位老總，讓他看看我的真面目，

我倆抽著菸，我邊笑邊用四川話唱著罵他：「你個狗日地，不
似個好東西！」這老小子一邊挨罵一邊呵呵地笑。就這樣，
那年頭。

第二輯　歲月如流，難得青年心爽快！

21

　　陸軍總部下面是幾個軍團，南部屬第二軍團。當時軍團部政治部建議，各專業及業餘康樂隊要有交流，也就是說：我們第十軍話劇隊，到屏東大武營為傘兵司令部演出、到海軍陸戰隊演出。

　　別看傘光跟陸戰隊是業餘劇隊，那裡可真是臥虎藏龍，拿陸戰隊來說，隊上就有：後來在華視第一位演包青天的儀銘；詩人，也是《幼獅》及《聯合報》副刊主編的瘂弦；集編劇、電影導演、「國光京劇團」藝術總監，戲劇評論常見諸各報及雜誌的貢敏；能說相聲，又能演反正派的金永祥等。

　　而傘光有副隊長魏巍，還有後來被稱為配音王子的宋屏，

老友相聚，前排左起：導演白景瑞、編劇暨名演員黃宗江、作家林海音先生、導演暨京劇評論家貢敏；後排左起：常楓、李欣、孫越、廖煥之、凡偉、王孫。

以及年輕卻有氣質的張敦志（演戲也會紅，他卻偏愛電視新聞攝影，結婚與離婚次數之多，堪稱華人第一位，我們人人羨慕他，可沒一個像他如此地勇敢）。另外，還有一位應在電影界會有很好發展的喜劇演員張克仁，卻不幸在五十多年前，剛與香港邵氏簽約不久後，就因為一場車禍魂斷香江。

還有一位知道毛澤東的《沁園春·雪》的人，而且他還當場背給我聽：「江山如此多嬌，引無數英雄競折腰。惜秦皇漢武，略輸文采；唐宗宋祖，稍遜風騷。一代天驕，成吉思汗，只識彎弓射大鵰。俱往矣，數風流人物，還看今朝。」這小子就是劉維斌，看書是過目不忘，能編能導，更能瞎掰。後來，當我有機會看毛澤東《沁園春·雪》時，才發現原來「江山如此多嬌」前面還一段「北國風光，千里冰封，萬里雪飄」……總之，在哥兒們裡，他是天縱英資。

有一年，台南上映一部卡萊·葛倫與黛博拉·蔻兒（Deborah Kerr）主演的《金玉盟》，我約了小護士一起看，當天她高興地換了一件剛做好的絲質藍旗袍，她出現在我眼前時，一時看獃了，脫口而出：「妳真像個小舞女。」那天電影沒看，三天她沒睬我。

左起：龔祥、小護士、孫越，攝於一九五四台北植物園。

22

古人說「知恥近乎勇」！當年一九五三年時，我們全隊輕忽了什麼叫「國軍文藝康樂大競賽」這檔子事，這次，從軍部院成章主任以次，真叫是「秣馬厲兵」、「明恥教戰」。

由劇本開始我們就慎選，最後決定是演劇二隊陳力群所寫的《不共戴天》最為適合。我們幾個用心分配演職員工作好迎接今年文藝康樂大競賽。這戲是張曾澤導演，而為加強戲的效果，他又特地到台北康樂總隊請馬驥來隊上，給我們重新整理，以加強戲的張力，並建議劇名《不共戴天》改為《吾土吾民》。另外還請了戲劇界設計名家、也在政工幹校教舞台設計的顧毅老師為我們重新設計布景。之後就透過排練、演出，團隊的默契於焉堅固，大家開始愈來愈有信心。

我們演員需要在換場時，除了換服裝，也要配合換景。女孩兒要幫忙撤換道具，因此舞台裝置就成為一項競賽搶時間的重要考驗。隊上的裝置班長寧恩洪，東北漢子，直腸、熱心、有強烈榮譽感，為了要在康樂大競賽爭口氣，所有演職員全聽寧恩洪的。進了十月天，每個人心情都繃得緊緊的，而我在此時卻病倒了，是受「阿米巴」細菌感染，住進軍部對面的陸軍醫院治療。

我人在醫院，心在康樂大競賽上，為了團體榮譽，雖住院，心也不敢鬆懈。時時默想劇情、位置與台詞，可也不能老捉摸這事兒，那多枯燥啊。台詞已經倒背如流，還有，我是那種「人來瘋」型的，愈是人多愈能沉著、愈能放得開，愈是重要場合

愈表現得好。

　　這是我第一次住醫院，充滿好奇心，對面床住了一位山東老大哥，肚子鼓鼓的，對我特別照顧，這位大哥為人豁達，他是肝癌患者。我們這區是「感染區」，因此大隊長、隊長都不許大伙兒來看我，怕被感染，只特許小護士每天給我送水果，但不許她久留。

　　我對不知道的事就是好奇，成天請山東老大哥給我講抗戰打游擊的事，還有他那位因照顧婆婆而未能隨他到台灣來的妻子。據山東老大哥說，他妻子是一手拿槍打游擊，另隻手還能在土牆上大筆揮寫「打倒倭寇，還我河山！」的熱血女青年！我總問老大哥，你太太漂亮嗎？像誰？

　　夜間，聽著他漏夜地呻吟，我想這位大哥不止疼痛，或許更是想家。

　　每次我總是磨著山東老大哥講打游擊事，都聽得自己熱血沸騰。不過日子再久一點，他顯然已無力講話，只會拉著我手笑，他病得很沉。

　　另一位常看我的是陸軍醫院裡的工作人員劉廣金，工作是司藥，他還算業餘魔術師，有時我們勞軍就請他向觀眾表演魔術。東北人，好跟我膩，沒事就跟我變魔術，煩！我說：「你不怕傳染啊？」他回：「我是司藥，病菌怕我。」

　　我出院前，他送了我一個美軍湯匙，直到今天我還在使用，常想念那段陸軍醫院住院日子，那會兒多虧病中有山東老

大哥及劉廣金。

我們在十月二十七下午，大隊人馬抵達台北火車站。國防部總政治部朱白水到車站接我們，朱白水是我們早年這個隊的隊長，後來又調至軍團政治部，他的遺缺由王生善接，而現在朱白水是總政治部負責軍中文藝康樂活動（朱白水先生於一九六一年離開軍職，受聘台灣電視公司節目部擔任戲劇導播）。

那年專業隊競賽，除了我們第十軍，還有澎湖來的九十六軍話劇隊，他們演《駝鈴何處去？》；空總大鵬話劇隊演《奔向光明》；海軍總部海光是《碧海丹心》。

我們競賽那晚在台北中山堂演出後，評審委員到後台禮貌性探望大家，我初次見到慕名已久的崔小萍老師。

撤台、撤服裝、大小道具後，大隊長帶領大家上卡車，直奔西門町「上海浴池」（通融晚點打烊）洗澡。車程不遠，在秋風中，不知是誰開的頭，我們也嚎著嗓子唱：「熱血濤濤，熱血濤濤，像江裡的浪，像海裡的濤，常在我心中翻攪，只因為恥辱未雪，仇恨難消，我四萬萬同胞……」此時我見我們的裝置班長寧恩洪邊唱邊抹著他那滿臉淚水。

那年，我們是國軍康樂大競賽專業組第一名。帶著「金像獎」回台南，軍部軍樂隊隊長陶懷德領著軍樂隊向我們三十幾人吹奏〈凱旋曲〉。次日我跑回陸軍醫院找那位山東老大個，他的床位卻已空了。

23

那陣子，「他」躲在排演廳（也是我們的飯廳）靠窗的那個角落，低頭寫劇本。

照說，寫劇本也不是什麼壞事兒，但是大家還是對「他」的行為不習慣。「他」靜靜地寫，沒有去打擾大伙兒，反倒是大伙兒常常去打擾「他」，習慣「他」在看書、習慣「他」跟人聊天說笑，曾幾何時，「他」怎麼竟變成個靠著牆角悶聲不響，趴在那兒寫東西的「怪人」？於是，指不定是誰（我的成分比較大），做賊似的冒出個頭往「他」那裡觀望，「他」全神貫注，老神在在，不為所動。

有時候，見「他」寫著、寫著，開始如坐針氈地，嗖的站了起來，人高馬大，像座塔似的，掏出菸來往嘴裡一塞。「他」沒點著，眼珠子仍盯在桌上寫過的稿紙，抿著嘴，瞇著眼，我猜，「他」大概是寫到了快意之處，火熱的內在不時與他自己的興奮和壓抑相互衝突。

這時候，我猜「他」應該是很孤單的時候。因為他能創作劇中人物的各式心情，但由他創作出來的人物，卻無法了解這位創作者此刻的心情。「他」可能很寂寞，因為他寫出那麼熱鬧的情節、那麼逗趣的對白，那些生動的劇中人物卻無法在此刻走出劇本來陪伴「他」，與「他」共度孤燈夜雨下的時光。

沒人知道劇中的故事多有趣，此刻「他」希望有人了解「他」，分享他在創作中的甘甜。就算當時的「他」的那位學妹，也難了然。這是「他」的第一次創作。我有幸在「無意」中看到

一九五五年，張永祥第一個劇本《陌巷之春》誕生了，在第十軍軍部演出。
此為劇照，左起：孫越、我的小護士、傅樂馨。

「他」描述台北某個低收入區要民選區長的故事《陌巷之春》。

　　這是一群違章建築裡小老百姓們的故事，這群雖明知「雞
窩裡抱不出鳳凰」，但他（她）們也不容「選舉」被污染！大家
要選一位真正能替大家做事的熱心區長，而不是要選個來作官
的人。

　　三幕四場喜劇，「他」是編劇，程杰導演。正面人物代表
就是戴秉剛大哥，他是個踩三輪兒車的，因平時即熱心照顧大

家，所以街坊鄰居都盼他出來選區長；另一個想用錢賄賂大家，來支持他選區長的，是由胡俊飾演；而我是演周小虎，一個賣饅頭的青少年；小護士則在劇中演個單純的小少女「小鳳」，一個在戲裡常與我逗嘴的女孩兒。

經過排練，《陋巷之春》自從第一次在軍部演出，觀眾就給予熱情的歡笑與掌聲，證明觀眾非常地喜愛此劇。

首演那晚，戲結束大幕落下後，編劇「他」臉上掛著淚水，又滿面笑容地向著我們大伙兒一再道謝、一再道謝。

這是我幹戲六年來，第二次（第一次是黃佐臨的《樑上君子》）碰上了一個有血有肉的好劇本，之後這劇本還得了教育部還是國防部的獎。從此，「他」就獲獎無數，包括話劇劇本創獎、廣播劇創作獎（如《借牛記》，由崔小萍、宋屏、王玫主演）、電影金馬獎、亞太影展電影劇本創作獎等，這個「他」，就是橫跨五〇、六〇、七〇年代的張永祥。

那年我們的《陋巷之春》也參加「國軍文藝康樂大競賽」，結果複賽落選，在夜間由台北返回台南旭町營房時，我們走得是後門，因「無顏見江東父老」啊。

24

有兩首歌，一生未忘，都是在台南駐防時聽到的。

一是香港影歌星顧媚的《夢》：「人說人生如夢，我說夢如人生，短短的一剎，你快樂你興奮，匆匆的一去，你悲哀，你苦悶。帝王的尊嚴，乞丐的窮困，山峰上的白雪，海底裡的奇珍，當你從夢中醒覺，你已走完了人生。」

這首歌，隊上的同事陳雲每天唱，我每天聽，最後聽會了。

那時因為這首歌，我就會想，人生真的是如此嗎？到頭來一場空？雖是如此想著，自己卻又走不出這個夢境。加上《異鄉人》的作者卡繆不時糾纏在我內心，不是痛苦，只是疑惑。人生，我一點都不懂。

直到聽到桃樂絲·黛（Doris Day）在電影《擒兇記》裡唱出「Whatever Will Be, Will Be」後，心情才略為寬鬆。因為那就是我可以接受我那不可知的未來。這算不算我走出疑惑？我想是。

我在水牛劇隊結識的王凡大哥，恰巧這段時間也在台南，住在九六新村，離她妹夫張家很近。當時王凡大哥與張媛姊也結婚了，他們有個劇團，常常透過國民黨省黨部、市黨部介紹，至各單位演出，在城市、鄉鎮演出。在他們劇團有兩位常常花大錢拍「明星照」，寄到台北各電影公司作自我推薦的演員，後來這兩位都成功了。

一位是王俠，成為香港邵氏公司有一段時間的主角級演員，王俠也就是後來華語歌壇鼎鼎大名王傑的爸爸。另一位是

嚴覺新，後來在台北拍國、台語電影時，才改名為嚴重。他從台語片小生，到國語影片、演員、編劇、導演都行。那時，張英導演、胖哥李冠章導演拍戲，他就以副導名義為他們導戲。而我幾十年來，最愛聽嚴重用輕聲、氣音唱「情歌」，甭說女孩兒被他迷倒，連我都百聽不厭。那種唱法，在我心中，不作第二人想。

有天，王凡大哥到隊上找我，讓我晚上到他家吃他們孩子的滿月酒。

少年離家後，養成的習慣就是「提早到」，生怕失業似的。

我到了王大哥家，閒著沒事，還沒開飯，就轉到門口，適巧，一位修皮鞋的鞋匠師傅在工作。我呢，是事事都好奇，蹲在他旁邊跟他聊天。為什麼幹修理皮鞋的？修「鞋後跟」多少錢？「修前掌」多少錢？說著、說著，我看他臉上有好幾塊「白斑」，我說你臉上這是什麼？鞋匠師傅說，這叫「白癜風」，學名叫「色素脫落」。他跟著看我臉上說，你也有呔。

那晚吃過「滿月酒」，我匆匆離開王大哥家，回隊上就找小護士，說我有了「色素脫落」。她拉著我到外面，藉著路燈的強光看了又看，一處，兩處，三處，我臉上竟有三處「色素脫落」！我想起鞋匠師傅說過「這病沒得治」！完了，我的人生完了，不能演戲，我活著幹嘛？我曾誓言「我生於舞台，死於舞台」！當一個演員因自己臉上長了「白癜風」而無法再演出時，我活著又有何意義？這夜，我困擾了我自己。

　　第二天，小護士帶著我，從軍部醫務室林醫官看起，答案：沒藥治！再帶我到街上，從私人診所到醫院，再由西醫到中醫的老醫師，都說沒法治！我不想再跑了，因為他們的答案都一樣，我說：「回去吧，我累了。」小護士回：「不行！省立醫院還沒去看呢！」

　　到了省立台南醫院，掛了個外科王主任的號，輪到我已經快下班了，王主任胖胖的，很和善，很仔細地看我的臉上這三處白斑，他說：「我們試試看吧。」他開了一個針藥，是治惡性禿頭的，日本藥，醫院沒有，要自己到藥房買。他說：「很難買到。」出了醫院，跑了幾家藥房，居然在「延平戲院」旁的藥房買到這藥，小小的瓶子，每瓶只一毫升，瓶子是深色的。有了藥，但想起王主任說是「試試看吧」。顯然他也沒把握，這一晚上，當然又失眠。

　　終於熬到天亮，吃早點時，小護士像沒事似的，我如大難臨頭。到了醫院，王主任看過藥，告訴我治療過程：先皮下注射〇‧五毫升、再照紫外線，我面頰一處，鼻子旁一處，還有靠嘴唇旁邊一處。

　　王主任先說了：「會很痛。」我講：「沒關係。」媽呀！還真痛，但我強忍著，不動聲色，三處注射完，他拿了一張報紙，對著我臉撕了三個小洞，讓我蒙在臉上，又一看，不行！方向錯了，再撕，再對，沒問題了，照五分鐘，我說：「主任，您再多照照。」他說：「多照，你臉就爛啦。」他還說，我沒把握，

在日本有人治成功過。

如此，一天、兩天，很多天早晨小護士都陪著我上省立台南醫院。下午和晚上，我們排張永祥編劇的《灰塵》，隊長程杰導演。隊上沒人知道我看病，我也不講。直到多日後，王主任跟我和小護士說：「好啦，你算是成功的例子，恭喜你！」流著淚水，我深深地謝謝王主任，他跟我同樣高興。多年後，我趁著拍戲到台南省立醫院看我的恩人王主任，他已逝世了。願上帝保守他的家人。

那年的《灰塵》一劇，我飾演個收買贓物的色迷老頭兒，叫「古老」，其他位演員有：戴秉剛、程沉、張妮、小護士、黃炳麟、陳榮、史偉等。

我的一位戲痴王曉大哥說：「老弟，我看了你三年三個不同角色，好！」同樣的話，在一九五八我經于恆（于鴻文）介紹我入「中國廣播公司」的「中廣劇團」時，導演崔小萍先生也這樣說過我。

25

住台南那幾年，真看了好多、好多的好電影，剛剛我在家看的《軍官與紳士》，讓我想起當年在台南「大全成戲院」也看了 N 遍。而以一九四一年太平洋戰爭的夏威夷軍營為背景的《亂世忠魂》（*From Here to Eternity*），主演的蒙哥馬利・克里夫特（Montgomery Clift）、法蘭克・辛納屈（Frank Sinatra）、伯特・蘭卡斯達（Burt Lancaster）、歐寧斯・鮑寧（Ernest Borgnine）、黛博拉・蔻兒等人，真是一時之選。

說到黛博拉・蔻兒，《亂》片我沒覺得她如何，倒是在《金玉盟》中與卡萊・葛倫對戲，啊！真是棋逢對手，最受感動的是遊輪行至半途，停泊在一小島旁，卡萊・葛倫帶著黛博拉・蔻兒到小島上探望他的老祖母那場戲。三位演技自然中感人，特別是老祖母彈琴時，遠方輪船要開前的汽笛聲聲催中，此刻，就見老人雖仍彈著琴，但剎時眼神黯淡下來，老祖母知道，這是「訣別」了，就這一場，就值回票價了。

當年東方人把戰後的美國看成天堂，加之好萊塢這些夢工廠又製造了曠男怨女所期望的美夢，成不成真不重要，最少先給你陶醉兩小時是真的。

可也不能一概而論，我一九五三在台南延平戲院看了部華特・迪士尼的卡通片，是史托考夫斯基（Leopold Stokowski）指揮的《幻想曲》（*Fantasia*），到六十多年後，藉著這部片子，讓我領教了這位二十世紀最偉大的指揮家的風采。

在台南，美國軍援，除了 14K 眼鏡、美軍大衣、美軍大皮

鞋、鋼盔外，我們大隊也配了一部「康樂車」，其外型與當時CAT航空公司的車同款同型且同藍色。於是我們隊的駕駛孫維新就經常將車開到CAT的修車場洗車，洗著、洗著，有一天他就叫我跟他洗車玩兒，他說，他洗車，我就坐在車裡，他拿水沖我，透著玻璃非常好玩。對我而言，沒我不喜歡的事。走！

車開到CAT，我不下車，他就拿著專洗車的水龍頭往車上前、後、左、右、上下地沖，特別是對著車裡的我猛沖，好玩，刺激無比！

車子洗完，孫維新上車，他說咱們先別回營房，市區轉轉去。我說好，接著我將全身脫光光，我對他說：「要逛就得這樣逛！你敢不？」他倒老實說，他不敢！那天我就赤條條一身無牽掛地逛了台南市。誰敢啊？那年頭兒，我敢！

在美軍大衣未發之前，軍中每人配發了件棉大衣，管用，真暖。大衣裡子還有個白色長坎肩，可以輕易拿下，我就在這白坎肩後背上寫了兩行方方正正的八個大字「世人愛我，必得永生」。

有一晚上，是歌舞晚會，我跟戴秉剛說完了相聲，沒事兒在後台抽菸，小護士正在台上唱《寶島姑娘》，一時興起，我跟後台的大伙兒說，我穿著這件大白坎肩上台，你們信不信？都跟我說不信！好，轉眼，我就真躍上台，用「印地安舞」邊跳，邊拿手學印地安人抖著嘴唔唔地叫，就看此時，樂隊笑得沒法吹樂器，小護士笑得背過臉去不敢看我。觀眾跟炸了營似的又笑、又鬧。然後我跟個沒事人一樣，跳下場去了。

回程在火車站斜對面「老朱」館子，吃牛肉麵時，大隊長周樂民笑著罵我，就這一次，下次不是你節目，不許你上台。

26

　　那年頭兒，電影的要素中，還沒有現代科技如動畫、電腦合成等攪和，故事體材仍以「人」為本，無論戰爭、社會問題、家庭問題，你都能看到任何劇情中的人性弱點與人性的光輝。於是我們看到了真正的演技，佛德烈・馬區（Fredric March）、賈利・古柏（Gary Cooper），亞歷・堅尼斯（Sir Alec Guinness）、卻爾斯・勞頓、勞倫斯・奧里佛（Laurence Olivier）、馬蘭・白蘭度、保羅・紐曼、詹姆斯・狄恩。

　　例如，佛雷・亞斯坦（Fred Astaire）舞蹈、金・凱利的編、導演、及編舞排舞的《萬花嬉春》（Singin' in the Rain）、《花都舞影》（An American in Paris）等，平・克勞斯貝（Bing Crosby）的低音，真是走出電影院仍在感覺他的歌聲在腦海縈繞；蒙哥馬利・克里夫特的《郎心如鐵》（A Place in the Sun）；日本的三船敏郎；義大利的馬斯楚安尼（Marcello Mastroianni）等。

　　當然我也要說，我多麼懷念在上海看石揮的演出，他真是好棒、好棒的演員，而在《假鳳虛凰》裡的理髮師、《艷陽天》的律師，恰巧都是李麗華的女主角，相互輝映。

　　後來一九六九小咪姊（大家對李麗華的暱稱）應李翰祥導演到台灣，我有幸與她以及楊群拍李翰祥的《揚子江風雲》，熟了之後，我告訴小咪姊，我說：「我從看您的《千里送京娘》起，這些年看了不少您的戲，包括當年最轟動、您跟呂玉堃主演的《秋海棠》，都沒跟石揮的《艷陽天》和《假鳳虛凰》好，因為好劇本跟好演員配才能真正顯出演技來。小咪姊回了我一

在香港清水灣李翰祥導演家，右為李夫人張翠英，一九七三。

句：「兄弟，你懂。」

後來《揚子江》拍完，我也因為跟小咪姊都在一起的戲，某天，在中國電影製片廠配音時，小咪姊悄悄地問我：

「兄弟，你覺得姊姊這戲怎麼樣？」

我說：「這戲，您比《艷陽天》、《假鳳虛凰》更棒。」

「為什麼？」她問。

我說：「您演活了卓寡婦！您就是寡婦！」

她罵：「你個兔崽子，這話叫老嚴（嚴俊）聽到，宰了你！」

那年，那戲，獲金馬獎最佳男主角是楊群，最佳女主角是我們小咪姊李麗華，我，最佳男配角也。

一九六九年《揚子江風雲》電影裡，我與小咪姊（李麗華）演對手戲。

27

　　那年代，洗澡也不是像如今那麼方便，我們「話劇隊」後牆根兒，有個廁所，旁邊就是水管，無冬例夏，隨時都能洗。若是天兒涼點，可以到街上，有間仍維持日式樣式的浴室。

　　一進門就是一個櫃台，一位中老年的「內將14」坐在那兒，禮貌地一句日語，大概是歡迎的意思，卻毫無笑容，也許我們是軍人吧？左邊是女士用的，右邊是男士的。牆壁許多木框框，每個框框放一個竹籃子，是放衣裳用的。鞋脫在進門「玄關」處，那位服務的內將要你（妳）先付費，記憶是兩塊五，之後發給客人一條乾淨的白浴巾。而且衣裳脫了，還得先拿水沖洗身子，這是先淨身（日本習慣），絕對清潔，沒話說。

　　男生女生一牆（木板）之隔，可是這木板又沒全隔到，上面比男生高點，就沒了；下邊離池子約十公分，也沒了。因此，我們當然可以聽到隔壁老太太說話唱歌、嘻笑聲，聽得清清楚楚的，有時，借著水影也能看到對方的一部分身體，但我們又不能直眉瞪眼地盯住那木板下面看，還得假裝沒看見似的。因為我們沒有接受過日式教育，男女隔板共浴，透著好奇後而帶來的異想，會產生尷尬，公開場合自覺羞愧。

　　還有一處洗澡，是退伍老兵開的，主要對象就是「丘

---

14 ねえじゃん，羅馬拼音為 neejyan，為大姊之意，後來衍伸為「女服務生」。

八[15]」。它離旭町營房不遠，就是在「台南工學院」再過去，有間簡陋的澡堂子就是。我說簡陋是相對比較說法，跟我童年的澡堂子比，差多了，但較我後來開放大陸探親，再回上海天津時的澡堂子，還是乾淨很多。首先澡堂子水是乾淨不說，所有大、小毛巾都很清潔，還有一個個的竹床與放茶的茶几全能讓你安心躺臥。我們不排戲、沒去看電影的時候，就與幾位同事，當然少不了戴秉剛，去洗澡，戴秉剛拿著他那洋酒瓶子改裝的大茶杯，自己帶著茶葉（茶葉末），那大茶杯外面用棉大衣的內袖做了個禦寒套，那份譜兒，人家是落拓的王孫公子。

我們先「打百分[16]」，分大、中、小頭，有一家贏，可以白吃。也就是將洗澡、吃晚餐的錢打出來，現在想想，還算是健康娛樂。打百分我經常老是白吃，有時頂不好意思，就放點水。

對開晚會唱歌，我向來心虛，除了《王老七》、《禿子尿炕》這種非柔情的歌，我倒是還能唱出點味兒來，別的歌就絕不敢上台，那得聽史偉的（後來他改行當電影化妝師），人家音樂科班出身。唱《禿子尿炕》我是跟馮玉芬（北京人）對唱，倒也博得些笑聲；《王老七》雖不常唱，可一甲子後，那歌詞仍記得牢牢的，聽這詞兒：「我（ㄜˇ）姓王，叫老七，家住在陝西，一家大小，歡歡喜喜做了一個小生意，抗戰剛勝利，本（ㄅㄥˇ）

---

15 指當兵的人，將「丘」、「八」二字合在一起，就是一個「兵」字，這是舊社會對兵痞的貶稱。

16 撲克遊戲的一種，一般為四人參加，目的在贏取分數，最高分者為贏家。

想喘口氣，又誰知道，共產匪黨，來到了咱地家裡呀，嘿！那呼一呀嘿！」不騙你，現在愈老，唱得自我感覺愈好！想聽吧？

一九五七張永祥又寫了《煙村四五家》劇本，我演個大學沒考上的頹廢青年，一個風塵女郎愛上我，而我卻喜歡臨家的小女孩兒（小護士演），常受女孩兒的爺爺阻撓，還常挨她爺爺打。排演順利，演出頗獲好評，有現實感。

那一年，來了一輛巡迴車，是X光做肺部檢查的，輪到我們隊上，大家乖乖又好奇地，一個挨一個地躦進車裡照X光。過了一陣子，我們康樂大隊收到一份來自軍醫署的公函，告知我孫越已罹患了中期「開放型的肺結核」，必須馬上至某軍醫院報到住院。

知道這事兒後，我真不知該如何面對，大隊長周樂民馬上說：「不行！你要一住進醫院，說不定將來是橫著出來（掛了）！我們到眷村找房子，隊上出租金，你在外面好好休養。」大隊長對我真沒話講。

於是我就在九六新村找到了一間三十元月租的小房子，竹坯加水泥做的，報紙糊的牆跟房頂，可以頂雨卻會漏風，正趕上冬境天兒，奇冷無比。所幸，仗著年輕，連寒流的夜晚也能挺過去。

王凡大哥給我弄了好多《上海日報》的舊報紙，那是專給住在台灣的上海人看的小報，用的是滬語或吳儂軟語寫的文章，有文言，有白話，其中也有淫穢的。談的是早年的政治、

見聞、風月、詩詞還有連載。裡頭有個長篇連載，說我方女情報員被派入匪區，向共匪情報頭子套取情報的故事，這哪是情報故事，就是色情小說，年輕人看多了，會傷身體。反倒是《約翰‧克里斯多夫[17]》跟《古文觀止[18]》是那段時間陪伴我的良師。

　　我有個小收音機，夜裡十一點後，都會用最小聲兒找對岸匪區的戲曲節目，有次竟讓我碰上侯寶林、郭啟儒的相聲，內容是，兩個喝醉了的人，在馬路上彼此抬槓，說：「你要沒醉就順著我手電筒爬上去。」侯寶林一聽：「嘎？」跟著手電筒的光向上照，他笑了：「你以為我不知道啊，我順著你手電筒真往上一爬，你要把電門一關，那，我不就從上邊摔下來啦！」哏不哏[19]？

　　有回又碰上「京劇」，是李少春、袁世海的演出的《野豬林》（李少春跟李萬春是郎舅關係）。自小，我就跟母親在天津中國大戲院聽過多齣，據說，兩人關係不好，這都是「聽他言」！

　　像我小時候最喜歡李少春的是《打金磚》、《美猴王》。《打

17　*Jean Christophe*，為法國作家羅曼‧羅蘭（Romain Rolland）的一部長篇小說，於一九〇四～一九一二年出版，共有十冊。一九一五年時，作者因這部小說獲得了諾貝爾文學獎。

18　為清人吳楚才、吳調侯叔侄兩人所選編與注釋的一部文言散文選集，是清以來最流行的散文選本之一。

19　為滑稽有趣的意思，後來衍生成一種相聲術語，意指相聲中的笑點，也能用來直接指某個笑話。在台灣，「哏」今多寫作「梗」。

漁殺家》是跟侯玉蘭唱的，也聽過他的《戰太平》：「頭戴著，紫金盔，齊眉蓋，頂啊……」那是我母親最喜歡的戲，母親是當年天津名票，學余。

李萬春我最愛他的《田七郎》下場門牆上寶刀出鞘，現在能再聽李少春、袁世海，真是，給個縣長都不換（是人家縣長不換）！林沖、魯智深的《野豬林》太過癮啦，那年頭，匪區吔！後來知道，若被有心人告密，我就成了匪諜啦！可是這《野豬林》，我真正、真正喜歡的卻是兩個在森林裡想謀殺林沖的解差，因為這兩小子操的是山東煙台口音。哏！

住九六新村「養病」期間，每天清早五點來鐘就起來。盥洗之後，就走過一個小堤，去看山東老鄉和麵、蒸饅頭，頭一鍋一出，我先買個趁熱吃，天冷熱饅頭進口，那分感覺至今仍覺得那是最好的饅頭。回屋之前，再到隔壁那位安徽無為的房東邢先生處聊聊，因我小姑父汪錫恩是安徽無為人。

上午十點左右，我帶著發給我的鏈黴素到九六新村醫務室打針。回來路上再到前水牛劇隊的女同事潘克群家聊天，她要我進她家，我說，我有TB，咱就門裡門外聊聊，免得傳染給孩子們。

小護士每天帶著菠菜、牛肉跟水果來為我做飯，那會兒美軍有軍用黃油，一罐五磅裝，在特定的大雜貨店賣。我是一天到晚都是水果、黃牛油、牛肉絲跟菠菜伺候，如是者，月餘，吃得滿面紅光。

　　有天，又去醫務室打針，中校主任醫官看著我說，你什麼病？我說，中型開放性肺結核，他說不像，順手從上裝左口袋拿了張他的名片，用鋼筆寫了幾個字，我就帶著那張名片到東門附近指定的軍醫院照Ｘ光，之後的日子難熬。這病，原先沒覺得可怕，看病打針時間一長，自己開始心虛，再加上好心的醫務室主任讓我再照Ｘ光，啊！要等一個禮拜才知結果啊，多長啊！

　　日日復日日，終於盼到下禮拜六上午，十點多，借了房東邢先生的腳踏車，趕到軍醫院。衛兵不讓我進去，說：「你幹什麼？」我說：「我看Ｘ光片的結果。」「你叫什麼？」「孫越。」他翻了翻衛兵亭子裡的簿子說：「你沒病。」我問：「你是醫官？」他回：「我不是醫官，但是簿子上沒你名字就是你沒病。」

　　這是什麼邏輯？我想，完啦、我完啦！準是「病」重到要隱瞞不敢告訴我們病號，我看等死吧！又一想，我為什麼等死？福至心靈，騎車又跑到老百姓的台南「結核病防治中心」，進去已十一點五十分啦，我說我照肺，小姊客氣地說：「二十元。」我跟護士小姊說：「我現在沒錢，我先將『軍人薪餉手牒』押給妳們。」她們笑著回我：「不行。」

　　正在此時，在我身旁的那對父女彼此說了幾句話，轉身，那位很溫和慈祥的先生向我說：「這位戰士，我女兒要我告訴你，我們願意替你繳檢查費。」此刻，我又感激又想問清楚：你們府上在哪兒？謝謝，我等下回去就可以還你們錢了！最後

仍是讓我問到了他們的芳址。他們父女為我繳費，走了。

我就進去照片子，過了十二點，也就是大家要下班的時間，醫師耐性地問，你什麼病？中型開放性肺結核。他看著，我也看著Ｘ光片，醫師說：「你看，你若從前有肺病，現在就算是好了，還應該有鈣化點，你由從前到現在根本沒肺病！」

我深深地對醫師鞠躬，對護士鞠躬，恨不得，騎在車上，逢人就鞠躬。

我到了當舖將手表當了三十塊錢，買了信紙信封跟郵票，在郵局寫上「赤崁樓對面，張外科醫院」，信的內容是「沒齒難忘！」四個字。

之後，給在嘉義二姊家的小護士拍了封電報說：「我根本沒病。」接著我就向這一個月來所認識的鄰居、眷村的中校主任醫官道謝，道別。

二十七歲的孫越，攝於一九五七年，台北國立藝術教育館。

28

　　發現巡迴 X 光車的檢查，張冠李戴，搞個大烏龍後，我雖算虛驚一場，但也是人生的特別際遇，多認識了好幾位幫助我的人，如九六眷村醫務室中校主任醫官；如在周末中午前在台南「結核病防治中心」的那對也在檢查的愛心張醫師父女。我認為不光是幫助我錢，更是他們父女的這份愛心，真是叫我沒齒難忘。小護士在第十軍的長假，後來軍長批准了，她要換個環境考驗自己的實力。我贊成，因為我想到自己在一九五〇離開裝甲兵獨戰四營水牛劇隊那時，也有一部分是同樣心理。

　　春節要到之前，張永祥介紹我到安平聯勤橡膠廠給他們業餘話劇隊排齣戲。也因此我認識了後來在「台灣電視公司」長期主持田邊俱樂部《五燈獎》大名鼎鼎的李睿舟，他就是戲裡的演員、小生、男主角。

　　春節前我們也知道過完年就要換防到戰地金門去，心情開始有些異常。小護士被聘到「陸軍預訓司令部康樂隊」，因為軍中能演又能唱歌的女孩不算多，所以小護士薪水調得很高。他們預訓部康樂隊是一個月演話劇，巡迴各訓練中心，另一個月就是在各訓練中心輕音樂晚會，唱歌、相聲、雜技表演，忙，但她說很充實。

　　年關與調防在即，許多事都湧入心頭。我自小到大，這二十多年來，居住得最久的地方，就是台南市，竟然在這美麗的台南有五年沒有搬過家（對我們來說，軍隊就是家）。我也享受到沒有戰爭的安定，與過去生活全然不同。

京劇《法門寺》在台北空軍介壽堂演出照，孫越飾劉公道（左一）、張樹澤飾劉媒婆（左二）、古愛蓮反串趙廉（右一）。

　　在這安定的五年裡，我也真正享受到演戲之樂，回想在一九五一年沒入八十軍（後改第十軍）前，雖在水牛、陸戰隊第二旅話劇隊與空軍警衛司令部話劇隊演了二十八齣戲，但演過也就如過眼雲煙，一邊演，一邊還要顧忌生活。那幾年能記住的也就是《忠烈圖》與《樑上君子》這兩齣。

　　而在台南，我也享受到了戀愛的滋味，不是童年的痴想，是有回應的甘甜。

　　在台南我更能靜下來，讀幾本受用的書，那是過去，雖有心求知，卻無法做到的事。

　　在台南看京戲方面，看了朱殿卿（京劇前輩名淨）朱大爺的幾齣老戲，其中《法門寺》的劉瑾，且能陪朱大爺老夫婦倆

與摯友李嵐攝於香港他的家中。

在台南公園，坐著躺椅、品茗，請教《梨園》前事，福氣也！當然還有李桐春（關公）、王福勝（張飛）與陳惠樓（馬僮）的《古城會》及馬驪珠的《梁紅玉》與《荀灌娘》，還有李環春（任堂惠）與陳惠樓（劉利華）的《三岔口》、吳劍虹的《活捉三郎》等。

　　那時有三個話劇團隊，分別在不同時間，到台南演出，一個劇團有黃宗迅、張仲文、黃曼、李影、羅蘭、蕭童等前輩，演什麼戲，忘了，只記得李影在劇中坐在那兒說了一句：「唉！這年頭憂患於生，家裡有信平安就好。」

　　另個劇團是「保警總隊話劇隊」，演員幾乎全是老朋友，王凡夫婦、胡光夫婦，更在那晚看戲認識了李嵐，而成為我的終生知己。直到他二○○八年由洛杉磯打電話喊著跟我說：「孫——越！我——病——啦！」之後再幾週，他女兒嘉怡便來電告知：「爸爸讓我告訴你，他先走啦。」

再一個是藍天虹、張茜西的「實踐劇團」，演出的是《台北風情畫》。那天下午，我先去跟這些幹戲的老大哥、老大姊打招呼，看他們有什麼需要。那會兒他們正在裝台，左躲、右閃還是聊得很興奮時，就聽到有人在開罵：「他媽的！看不起我，什麼朋友，還是說幹戲的，肏！」我好奇地問，這是誰罵誰呀？他們倒好，直截了當笑著說：「他在罵你啦。」

抬頭一看，是王以焻這小子（舞台設計，國立藝專等藝術學校老師），他在梯子上工作。我說，你給我下來！我語氣很重。王以焻向以跟人打架出名，這小子，竟從好高的梯子上跳下來要找我比畫。我說：「王以焻！你站我這兒看，我上梯子。」一個箭步我躥到梯子上。我又說：「你現在跟他們聊聊，你能看見我孫越嗎？」他衝上一看，小聲說了：「看不見。」

那晚散了戲，他請我在「沙卡里巴」喝酒吃消夜。是條漢子，懂得認錯，也是我一輩子哥兒們，前幾年參加他的追思禮拜。記得他當年生病我去「榮總」看他，他對我說：「老越啊！我沒有信仰，也是一種信仰。」現在我感謝主耶穌。

29

中國人就認中國年（春節）。

晚餐當然加菜，過年嘛！酒足飯飽後，早約好的搭子戴秉剛、陳玉華（男生）及陳榮，我們四個還是打百分。打到了吃消夜時，用我們早備好的吐司、雞蛋，用我的美軍隨身鍋，就著小炭火爐，以我剩下來的美軍的黃牛油慢慢煎。兩片麵包夾一個荷包蛋，嘿！在那年頭兒，這幾個大男生，蹲著做，蹲著瞅，不僅好吃、好玩、又能「折騰」，多美的滋味兒。

我告訴他們，當年我在平津線黃村駐防，跟同學杜新生（原名杜伯聰）白天先準備好一隻雞（偷來的），處理完了，夜晚站衛兵，雙崗，我巡邏，他烤雞；他巡邏，我再烤，等下了崗，兩人躲在牆旮旯兒[20]吃。竊來食，甭管好不好吃，好玩兒是真的，有點像京劇《時遷偷雞》。

無話則短，簡單節說，像盼大姑娘上花轎似的，終於等到三月十七號星期一，要出遠門，上前線打仗嘍！下午四點後，大卡車載我們到了高雄碼頭，下了車又是等。

到了晚上終於輪到我們上船，是海軍的「中」字號艦，我想到當年由上海到台灣來坐的是「海宿輪」的情景。那是新奇加意外之行。因為到台灣是「新奇」，在「海宿輪」上，我竟又發現同船還有默片時代大明星龔稼農先生，那是「意外」。

金門我們話劇隊不是沒去過，那是一九五五乘C46運輸

20 不受注意的偏僻角落。

機（老母機）去勞軍，那次我們演的是張永祥的《陋巷之春》，見識到了戰地風光，《陋》劇極受歡迎，好評如潮。那時當地報紙《正氣中華》，好像孫煒先生是副刊主編。

　　這次不同，此回我們赴金門，多少自己有點去「前線」的感覺，特別是對我那戀愛中的小護士而言。

　　艦上，我們話劇隊被分配到的床位滿舒服，我躺下又起來，起來了又躺下。最後累了也就睡了。在夢中彷彿覺著船在動，機油味也來了，晃悠得厲害，我還是一覺睡到大天亮。早上，我端著一茶缸豆漿，吃著饅頭上了甲板，隱隱約約跟著大伙看那遠方，有的說是大陸，有的說是烈嶼，最後水兵說，那就是金門。

　　在陽光下，我們閒等著船靠岸，心想，到了金門沒下船，等於沒到。

　　這一等又是半天，最後午後一點左右，終於該我們下船上岸了，老遠地就聽有人在碼頭上喊：「孫～～越～～！你睡我床上……靠……門那……張……天兒熱，涼快……」一看是張國棟這小子在喊，他是我二〇八師的同學。這人除了會話劇、京劇，還能說相聲，他說得比我好，滿臉都是表情，每回演出，一亮相兒，就是碰頭彩。

　　他告訴我，小金門全是咱們師裡的（已改為第九師），誰在哪、誰又在哪，都升了，有的當了連長、副連長的，更知道蘇斌文（與我同時考上二〇八，一塊兒看榜的同學）現在是陸

總部砲兵連連長。我的老班長吳鵬（原名吳大鵬）現在好像是團部補給官。我下船，張國棟上船，哥兒倆沒能多聊。

　　就如他說的，我們話劇隊駐山外，我們那間民宅門口兒有個稻穀場，靠右前方有口井。我還沒進民宅的正廳，同事就在屋裡指著進門右邊那張床：「孫越你的！」一看床上面拿「馬糞紙」寫著「這是我張國棟給孫越留的炕！」。誰知我們在「山外」這一住，五個月後，竟發生了驚動國際的大事兒。

這位就是在留床給我的同學張國棟。

30

在金門，我們軍部話劇隊改屬「金防部」，演出的仍是《煙村四五家》這戲，白菊花一角（原王婉貞飾）改由孫煥，有趣的是，孫煥與我孫越同年同月同日生日，我們開玩笑說，是不是打仗時候將我們雙胞胎給衝散了？

孫煥是「國立劇專」畢業的，與康總編導金馬（馬澤楠）同班同學，她善演反派，我與她一對詞戲就出來了。小護士原先那個角色，已請隊上女演員張秀玲的妹妹張秀蘭擔任，年齡、外型都適合，排練磨合了兩次，演出也就適應了。

後來又演出了《一字千金》，這戲我印象不深，沒演幾場，就接到陸軍總部公文，陸總部要成立「康樂大隊」，其中我與戴秉剛、史偉、劉夢麟、寧恩洪調「陸光話劇隊」，張永祥調為「陸光大隊部」任編導。消息告知後，我們只敢竊喜，絕不能聲張，否則生怕影響未被選入總部的同事心情，免得後面的日子都不好過。但是，仍然紙裡包不住火，大伙兒全都知曉了。

對我來說，在金門島上與在烈嶼（小金門），都有許多我當年二〇八師一起入伍的老同學，我找他們、他們找我都算容易。但是意想不到的，好友霍恨非（新一軍教導總隊的）竟帶了一位英俊挺拔的少校連長找我聊天，我與他一見就一愣，我說你是「天津志達」的？他也愣了。我說：「你是楊學忠。」

楊學忠在抗戰勝利前後，是我們天津志達中學的名人，用現在的話說，就是學校精英。功課好、運動好、脾氣好、外型又帥，他的第一志願黃埔軍校從軍報國。

與《藍與黑》一書作者王藍合照，我當他面學他的簽名，他樂了。

　　那天一見面，他就將他女朋友（女青年工作隊）送給他的《藍與黑[21]》一書（王藍著）先借給我看，當作見面禮，你瞧夠意思吧。

　　我因習慣夜間看書，張國棟的那張床，好是好，但一屋六個人睡，晚上看書不方便。最後我與電影隊商量，我搬到他們

21　一九五八年初版發行，作者分別以孤兒張醒亞、孤女唐琪、千金大小姊鄭美莊兩女一男的烽火戀，見證民國二十六年對日抗戰爆發到三十九年國民政府遷台的大時代，被譽為四大抗戰小說之一。

側間，同事陶國賓用電瓶給我接個小燈泡，再以黑紙做了個三面遮光的燈罩。晚上，我嘴裡吃著小護士從台北給我寄來的葡萄乾，眼睛看著《藍與黑》裡張醒亞與唐琪在抗日戰爭的大時代裡的遭遇，常常不覺東方之既白。

我們隊接到陸總的命令是八月二十四晚上登艦，返回台灣。除我們六個調陸光康樂大隊外，其餘同事均調至台灣南部第二軍團的康樂大隊。既知離開的日期近了，剩下的時間更難熬，到了八月二十二，我們的裝備全繳給金防部了，個個像無所事事的大閒人。

八月二十三日直混到晚餐過後，上街逛的上街逛，沒出去的心也是無法形容的雜亂，我是早與附近六十八師福利社的朋友們約好，當晚要喝酒話別。

當時天還未黑，我正在門前閒著，突然，有兩架飛機從我們頭上俯衝而過，接著連續的砲彈也從房頂上掃射而過，震耳欲聾。我雖作過戰，卻從未經歷過這種驚人的陣仗，慌亂中，正要躥進屋裡時，就見張秀玲、張秀蘭姊妹倆給驚嚇呆了，我趕緊拉著她們往正房裡跑。我自顧自地趴在我原先的床對面，砲彈落點有近、有遠，卻一直向我們轟，或許是死到臨頭，突然一個念頭閃進我腦海，唉？我孫越到底是個好人？還是個壞人？正想著，門外的哀嚎聲使我回過神，那聲音連嚎帶叫。就這時，戴秉剛什麼也不顧，快步跑到門外把那負傷的弟兄給拖進屋裡，不由分說，大伙兒給受傷戰士包紮大腿，不顧生死，

捨己為人，那是我們戴秉剛戴老大。

　　不多時，就聽到我軍各砲陣地的砲在還擊。很久、很久之後，砲聲仍在持續，等我們回過神來，膽子也略大了些時，聽到隔壁有好幾個人大大小小地哭，便低頭跑進隔牆這家。這才發現，平日就在我們門前那口井裡打水的婦人，頭顱被砲彈削去了一半。

　　八二三那夜，我們先是在壕溝躲，反情報隊隊長孔慶炎不時地在我們附近出現。平時他拉胡琴我唱戲，此刻如換了個人，見了我跟戴秉剛只匆匆地點個頭，拎著手槍連給他菸都不抽，忙著抓匪諜。我們更見遠處時有信號彈爆發，有亮光，接著對岸的匪砲就打了過來。

　　深夜，我們又被安排在後面的「山外招待所」休息，同時又在招待所碰上了「中製廠」到金門來拍紀錄片的張曾澤、苗天、蔣超他們。此刻老友們戰火中相遇，別是一番滋味，我們這群全都是在戰亂中長大的，雖不真怕，但卻有重回噩夢之感。

　　次日，也就是當晚我們要上船的八月二十四日，在山外招待所吃過早餐，我們重回防空壕，手上拎著金門高粱跟戰備牛肉罐頭背對著大陸，眼睛瞅著共匪的砲射向我太武山最上面的「瞭望哨」，三秒鐘一發地朝向我們瞭望哨射擊。我雖喝著酒，卻絕非看熱鬧的心態，我清楚知道，匪軍若轟下了金門，大家都死路一條！

晚間，大卡車載我們到「料羅灣」碼頭，等著上船，我們等啊等，但等到深夜我們又被載回山外。雙方砲戰你來我往，我跟張永祥、周樂民大隊長等雖有山外招待所住，人卻如「喪家之犬」，同時也得到不幸的消息，金防部三位副司令官吉星文將軍（抗戰蘆溝橋開第一槍的團長）、趙家驤將軍跟章傑將軍於八二三砲擊當時，在「翠谷餐廳」同場陣亡。更在此同時，也知道了我那志達中學的學長楊學忠少校，已於八二三當天在烈嶼砲陣地陣亡了！

唯一讓我們心情略微興奮的是，我們親眼目睹高空作戰中，我空軍戰機一連擊落敵機兩架。次日（二十六）我們知道，

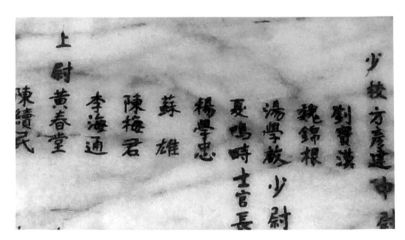

一九五八年，發生震驚國際的八二三金門砲戰，我在天津志達中學的學長楊學忠少校連長於當天陣亡。攝於金門太武山忠烈祠，韓惠中攝。

昨天那位空軍英雄是歐陽漪芬上尉他們。

說實話，我是膽小厭戰的，但我知道三位副司令官及我的那位楊學忠學長陣亡後，眼見到「太武山觀測站」那位英雄，及空戰中我軍佔了優勢，心情仍是無名的興奮。

我們話劇隊最後是在八月二十六晚於料羅灣碼頭搭乘「合字號艦」，離開住了五個多月的金門。上艦前，我們身上凡是反光的金屬東西全部收起，如腰帶頭、打火機等，因月光下會發亮，將會引來砲擊。

在艦上我更驚見幾年前，軍部辦了一個戲劇訓練班，其中有位陳姓小生型的士官，他也因負傷而被載返台灣就醫。這一路陪伴我們艦的是我們親眼得見、我軍砲彈擊中對岸的「彈藥庫」，燒得火光通天，一直到我們離開遠到看不見火光。而此刻，我雖算離開了戰區，腦子裡想的竟是，這場仗，不管誰死，都是「人死了」！

我們並未直接返回台灣，而是去澎湖的馬公先休息。

再過幾天，我們到台北陸光報到的與到高雄「第二軍團」報到的，都乘船返回高雄，獨有話劇隊那位被調在金防部曾擔任過金防部伙食團的伙食委員同事，得意洋洋地自己掏錢買票搭乘飛機返回台北。

31

我們從高雄到台北的快車票是張永祥替我買的，我沒錢，只要小護士不在身邊，我又是「寅吃卯糧」。

一、兩個月來，我期待到陸光，那可說這是夢寐以求的組合，陸光康樂大隊的大隊長是張亞珉上校、話劇隊隊長洪濤；大隊部有王波影、張永祥、華光典等編導；話劇隊有王宇、黃寶、李冷、丁強、陶國器、洪濤、魏甦、戴秉剛、于鴻文（于恆）、魯桂福（魯直）、董今狐、謝以威、高振鵬、胡玉武、韓甦、史偉、潘我榮、張琦、沈勞跟我孫越等。

女演員則有余文詠、蘇婷、張萼華、王慕光、顧麗文，而小護士此時已先我而受邀到話劇隊。我們不敢稱「群賢畢至」，但陸軍各劇隊之精英都相聚於一爐，這些哥兒們，互傾仰慕，和平東路「成功新村」附近的小麵攤、小館子，每晚都有我們話劇隊的人在吃飯，喝酒聊天兒，那會兒在「陸總部」福利社做設計的賈魯石賈大哥也常下班跑到我們隊上來。記得他與我頭次見面，我就跟他說，我看過他一九五四年演的《鼎食之家》，他戲好，比王元龍帥。老小子一聽我看過他的戲，異常高興，馬上遞給我一根菸，之後幾十年我們可以彼此講些不為人知的貼心話，這位老大哥，是真君子。

那會兒「三軍球場[22]」的國光、克難、七虎、陸光、大鵬

---

22 一九五〇年，有上百萬軍民撤退到台灣，在風雨飄搖的時局中，前總統經國先生時任國防部總政治部主任，倡導「克難運動」，在今日總統府前右方的空地，用木條設置了可容納萬人的三軍球場，用來凝聚士氣。

老友相逢於教會，左起：孫越、我的老隊長洪濤及孟元。

等籃球賽的票難買，有興趣的，輪流熬夜排隊等著買票。球賽熱鬧不在話下，之後餘興未盡，回到宿舍還要再聊到半夜方休。隊上更有胡玉武者，常常將他在北門口、郵局對面巷子裡所買的「春宮照片」及「小本兒」（色情小說）傳給我們大伙兒欣賞。之後終於有人喊叫了，我受不了啦！看完球賽再看「春宮」誰受得了？說得也是！

　　記得英國演員亞歷・堅尼斯、美國演員威廉・荷頓（William Holden）及日本演員早川雪洲（他就是我在台南第一次看日本版《悲慘世界》〔又名《孤星淚》〕的男主角）合演的一部《桂河大橋》（*The Bridge on the River Kwai*），電影裡面的主題曲是以口哨吹出來的進行曲，此片一上，學校、軍中都為這首進行曲所瘋狂，我們住在首善之區的台北能不受到傳染？而且是更加瘋狂！一九五九陸光話劇隊春節金門跟澎湖勞軍時，動不動大伙兒就齊吹那《桂河大橋》進行曲。反正那會兒什麼事都是一起幹，連打架也「有志一同」！

　　話說有天晚上，大伙兒演完《祖逖》，回成功新村前，就

在和平東路口下車，預備吃消夜，沒一會兒，就聽女隊員王慕光在水果店大叫：「你欺負人！」

大伙兒一擁而進水果店，王慕光見到隊上男生都出現了，便說那男人吃她豆腐！「在哪？」那人在前面才剛要跑，大伙兒抓住他就打，原本想打兩下教訓教訓，沒想到，他大喊：「我是調查局的！」不說「調查局」還則罷了，一說是「調查局」的，連沒動手的那個魏甦都狠狠地揍了那小子幾拳踹了他幾腳。過癮啊，夜裡大伙兒在宿舍還聊這事兒呢。

第二天，知道他確是「調查局」的沒錯，但他其實是「調查局」裡面的一個工友，常在外面自稱「調查局」的要橫（ㄏㄥˋ）！這次，他在外面挨了打，回到局裡他還不敢言語。

我在金門時，知道我的小護士被邀至「陸光」，就寫信告訴我在台北《中央日報》上班的老友龔祥，就近照顧小護士，等我回台北向陸光報到後，得空三人就晚上去碧潭坐在河邊喝茶。

快樂的日子過得快，轉眼就到中秋了，事先龔祥跟我倆說好，「八月節」他要燉一鍋牛肉，老地方三人喝酒吃肉帶賞月。多好，等那天到了，盼啊、盼地總算盼到黃昏（茶座位子是先付費訂好了），我跟小護士枯坐又肚子餓，很久之後，龔祥終於來了，拿著燻黑了的鐵鍋，裡面的牛肉更是黑黑的，嚼一口，奇苦無比。最後，臨時買花生米就酒，吃月餅賞月，此時我突然覺得我太應該知足了，因為，想到那些仍戍守在戰地金門的戰士們，想到我那位再也沒有中秋可過的楊學忠學長。

32

　　從一九五三、五四年，得知「大宛國劇隊」京劇名演員李桐春、李環春昆仲（李萬春的親兄弟倆）找了上邊的關係，已經開了兵缺，改為國防部佔軍官缺的聘雇人員。

　　從那時起，我跟戴秉剛就一直找大隊長周樂民陪我們去「國防部總政治部」找朱白水（朱為過去八十軍的老隊長）帶我們見主任，跑了幾年國防部，沒一次見到蔣經國主任，因我們沒沒無名也。

　　這次到台北陸光報到，天子腳下，消息比較靈通，知道各軍種又要精簡人事，凡有符合「不堪任用」條件的，可「依額退伍」。大隊長張亞珉裝糊塗，說沒此一說，我就在大隊部的小組會議（屬國民黨軍中黨部）上提問，于恆、張永祥、魯直、丁強、王波影也為我們申張正義，為我們助威，而更感人的是，我們小組長（話劇隊游副隊長）更加大力支持我跟戴秉剛及史偉三人應該「依額退伍」後再聘用。

　　因為我們這些原是幹戲的人，過去也都是在不同的單位佔個兵缺拿尉官待遇，後來國家人事上了軌道，留在軍中的，都陸續地報成國防部佔缺的聘雇人員，獨獨我們三個屢屢不准。

　　從一九五四年我們在台北參加「康樂大競賽」，第一年《吾土吾民》我演壞蛋；第二年《陋巷之春》我演賣饅頭的小虎；第三年《灰塵》我演個收藏買賣贓物的老色鬼古老。每年我都得知，空軍總部「大鵬話劇隊」姚展隊長讓副隊長趙琦彬轉張永祥告訴我，姚隊長希望我進「大鵬」。姚隊長說可以請王老

早年在軍中話劇隊與魯直合影。

虎（參謀總長王叔銘將軍）直調，我心裡想，就算直調到空軍，我終究還是個「兵」。我要從根本上想辦法解決。

　　當年的大鵬話劇隊幾乎全是前輩，有井淼、田豐、張冰玉、張慧、常楓、羅蘋、楊甦、柳鶯（臧琢璞）、李近、萬紹儒，還有張永祥的山東聯中及幹校一期的同學趙琦彬，他更是為我從中穿針引線的人。

　　大鵬話劇隊與其他話劇隊所不同之處，是：一、演員的津貼是按演技論，分了好幾級，這是真公平；二、更重要的是演員受尊重，只負責排戲、演戲或導戲，毋需擔任舞台其他工作。光這兩點就連國防部的「康樂總隊」龔稼農、葛香亭、傅碧輝、唐如蘊、曹健、雷鳴、吉程弘、劉楚、陳曼夫、趙振秋等都做不到。

　　由於大家在小組裡的反應，終於，大隊長將我們三個報出「依額退伍」，且奇快無比的總部批個「照准」下來。

　　這一天，大隊部傳令兵找我們三個到大隊長辦公室，張亞

空軍「大鵬話劇隊」合影，第一排左起：張冰玉、張慧、姚展隊長姚太太、友人、梁燕民、王善祥；第二排：張樹澤；第三排左起：岳陽、胡光、徐怡慰、蕭宛遙與盧迪兩位女生、李嵐、孫越、于恒、趙琦彬、常楓、王茂德。

珉大隊長端坐辦公桌後，先是我，走向前，敬禮，他說：「恭喜！你們的『依額退伍』批准了。但是孫越，你要先簽份『保證書』，保證退伍後，仍以上尉薪留在『陸光話劇隊』。」這一聽，我原有對陸光的那份忠心依靠，此刻起了變化。但，一想，幾年來的「兵缺問題」現在真正解決了，若沒這些位哥兒們，我看，難！我低頭「簽」了這份「保證書」。出來我就告訴大家伙兒，聽到一片罵聲！

「依額退伍」上面發了我們每人一套灰布軍服（有點像北伐），每人三十元台幣，我們仁共九十元，大伙兒再湊湊，晚上喝酒吃飯，光啦。

真沒想到，不久，在話劇隊演《祖逖》時，大隊長張亞珉「因故調職」，之後自己思索，兵缺雖開掉了，但人也好像「空」了。

那年月，放眼看去，全國軍、公、教好像都有保障，再說我也要讓小護士的家人覺得我是個「有出息」的，因此幾天後，

第二輯 歲月如流，難得青年心爽快！

上｜姚展先生（大鵬話劇隊隊長），我視他為父兄、老師，至今他的後人來台，
　都會與我相聚。
下｜好友聚會，左起：王珏、田豐、李行、貢敏、常楓、孫越。

上｜好友聚會，前：傅碧輝；左後起：劉楚、羅月亭、朱磊、董心銘、曹健、
　　孫越。

下｜影劇界大家長葛香亭大哥，他在一九四九年時，也與我同船一起到台灣。

我通知大鵬話劇隊副隊長趙琦彬，他用最快速讓我填寫基本資料，報上去，沒幾天時間空軍總部批准我以國防部聘雇為空階少尉三級（等同陸軍上尉薪餉）任用。另外再津貼我兩百元。但我未馬上報到。

從一九五八年八月二十九日到一九五九年三月三十一日，我在陸光話劇隊參加演出了大陣容的《祖逖》，這是齣大戲，也是個群戲。戲中當然包括了祖逖（魏甦飾）「聞雞起舞」的那一場，一想到「聞雞起舞」當然又會想起我在台南，跟戴秉剛、小護士及李秀華四個跳「地下舞廳」時，被憲兵警察抓包，我寫「切結書」時，硬拗我們是因「聞機（留聲機）」才「起舞」的那檔子事兒。

《祖逖》從排戲到演出，非常順利，可說是合作無間，第一場是在「陸總部」演出，就看見了副參謀長陪著一位貴婦，帶著一位可愛又漂亮的少女到後台看大家，那女孩兒只是抿著嘴笑，甜甜的，聽說正讀國立藝專，她就是後來鼎鼎大名的馬之秦。

那時我們陸光住成功新村時，經常黃昏後會遇見另一位少女，一瞅就不像個普通學生，常與我們隔著籬笆牆聊天。多年之後，在「中視公司」開播大戲，也是台灣電視史上第一個連續劇《晶晶》裡，她是飾演媽媽的劉引商，遇見她那時她也在「國立藝專」讀戲劇。

33

　　于鴻文（于恆）自嘉義調至陸光話劇隊後，即參加崔小萍老師的「中廣劇團」。等我到了台北，他向崔先生（我們對崔小萍老師稱呼）說孫越也來台北了，於是我也成為「中廣劇團」的一員，現在我手邊還存有散文大作家王鼎鈞先生寫在《中廣周刊》上介紹我是「中廣劇團」團員簡介。王鼎鈞不會記得這種糊口小文，但他那高大身影，及讀他幾十年文章，我卻未敢忘記。

　　魯直（魯桂福）、于恆兩位，先前同在嘉義的七十五軍軍部話劇隊。于恆比較活躍，一見我們（當年第十軍）話劇隊到他們軍部演出，熱情地接待我跟張永祥到他們隊上坐坐，那是

二〇一二年好友相聚，前左起：李行導演夫婦、崔小萍老師、劉引商、尤晶瑩；後排左起：李玉虎夫婦、淑貞、亮軒、孫越、王念慈。

一九五五的夏境天。當時我們演《陋巷之春》時，好熱的天，到了他們隊上，他就忙不迭地介紹他的哥兒們魯桂福：「這是孫越，這是張永祥。」此時就看「魯直先生」彷彿剛抽完鴉片煙，還圍著大棉被，皮笑肉不笑地向前略略欠個身，他又躺下，不再搭理我們了。氣的我們仨恨不得拿手榴彈把這小子給轟了。

這回我一進陸光報到，魯直一見我，就直工直令地問我：「咱們倆誰長得高？」「二百五！」往後，黃昏沒事兒他就拖著我，從和平東路的成功新村用腿走到西門町，再回來時，小護士跟魯直的女友顧麗文在隊上罵我們「神經病」！

陸光話劇隊與陸光輕音樂隊房子都太小，結果總部將木柵的「維揚新邨」（原是陸總部黨部用的）撥給我們兩個隊。這下好，兩個隊都是熟人，來回串門子，像後來台視《群星會》的鋼琴師孫樸生老師，是我二〇八師的同學，軍中鼓王「岳偉」是我老哥兒們，更是我天津基督教女青年會「幼稚園」的學長。大伙兒真像在北京的「大雜院」，熱鬧噢。

兩隊很多高手都在木柵公路局車站右邊「彈子房」較量，還管保護「彈子房」的記分小姊（有點狗拿耗子），說是免得被當地小流氓欺負。有七仙女之家的王宇大哥可以成天成夜耗在那兒打彈子，只要有玩兒的，家都不想回。也別說，有回他跟我們哥兒幾個說，要帶我們回他的大崎腳家吃餃子。我們從木柵，跟他翻山越嶺，過了幾重山之後，最後幾乎用爬的到了大崎腳，大伙兒想的不是吃餃子，是，我還回得去木柵嗎？

第二輯　歲月如流，難得青年心爽快！

上｜我敬重的老大哥王宇，也是一九四九同船來的。從前在不拍戲時，兩人能在地上彈球（玩彈珠），都有顆未泯的童心。

下｜我與近八十年前天津女青年會幼稚園學長岳偉攝於台北「藝人之家」教會。

　　《祖逖》戲太大，動員的人多，演過一些重點場後，也就換張永祥編劇、李冷導演的喜劇《明月杏林》，主要演員有：戴秉剛、蘇婷、王慕光、于恆、丁強、余文詠、胡玉武、魯桂福與我。戴演個只想藉醫病而賺錢的醫師，我扮的是「視病如親」的良醫。有許多衝突，當然好笑，喜劇收場。

　　我們若晚上不排戲，不演出，就到往政大去的橋旁、由倉庫改的電影院看電影，白潘那首成名曲，就是在那兒我跟小護士看電影聽到的。

　　不排戲或不演出，小護士與我一早就從木柵公路局車站，走街上，再過橋，靠政治大學旁慢慢往指南宮爬，此時我們才能手牽手。

　　到了指南宮後面，人少處，聊聊天，再往回頭走。那年頭談戀愛也就如此這般，你們愛信不信。

　　這是上午，中午飯後，魯直再拖著我，我們「再」爬指南宮。

　　這幾年我右膝蓋有明顯退化，出門靠手仗，遠了得靠輪椅，不知跟當年如此爬指南宮有關係沒？

34

說到魯直跟于恆這哥兒倆，每天都有些趣事發生。話說，有一天，于恆一如往常的，日上三竿才起床，其實他不敢不起，不然連午餐也吃不上啦。可是起來，他又非先抽根菸不可，但翻遍了自己的衣裳跟魯直的枕頭及不穿的衣裳，都沒發現菸，於是無精搭采地去餐廳吃飯，吃飯時不忘摸魯直的周身口袋，還是沒菸。等飯後回寢室，就見魯先生端正地坐於床前抽菸，好奇之下，再翻魯直的身上、衣裳跟床上，還都是沒菸。

如是者，數日之後，憋得于恆說：「親爹，你說，你菸到底藏哪兒啦？告訴我，我買兩包菸送你！」就見此時，魯直叼著菸，含著笑，不急不緩地走到于恆的床頭，掀開于恆的枕頭，就在枕頭下找出他的半包「菸」。

當年軍公教待遇都低，住在台北，我們「幹戲的」大多都只會花錢，不會攢錢。回想在台南時，固然我甘願將薪餉全交給小護士管，當時看電影、吃老朱的牛肉麵、夏境天看戲前還喝檸檬水，從沒虧過錢。現在好，好像又過早先「寅吃卯糧」的日子了，幸好，于恆為我開路，基督教信義會吳玄仁弟兄負責的《主臨萬邦》廣播劇也找了我，酬勞比中廣高一倍多，時間比中廣少一半。那會兒自己還未信耶穌，卻只想賺耶穌的錢。

在木柵，我們排了四幕一景的社會教育劇《明月杏林》，李冷是導演。

說起李冷，就得提提一九五〇那年冬境天，我坐火車由台

北到鳳山找王生善隊長,途經新竹,見一個小伙子上了車,白白淨淨,一身軍服,乾淨俐落,但又不像部隊裡帶兵的。我走過去衝著他說,你是李冷吧?他一愣,半天說不出話,我說,我叫孫越,也是幹戲的。之後,兩人笑著手握得好緊。

為什麼我猜對了?憑兩點:一、他從新竹上車,那會兒五十二軍話劇隊跟四十四師話劇隊駐新竹;二、他那一身穿著再加斯文中有點兒幹戲的特質。李冷這人,我久聞其名。或然率使我矇對了。

好,再回頭說《明月杏林》這戲,是個喜劇,談的是兩位醫學院畢業的老同學。戴秉剛飾演的外科醫師,後來為了想賺錢,開了家未經申請的「美容醫療診所」,又因兼賣偽藥,被他同學沈季剛醫師揭發。我就演揭發他的沈季剛醫師;小護士演沈太太;丁強演沈硯青,一個醫藥化驗師;王慕光飾夏蝶,夏醫師的女兒,沈硯青的未婚妻;蘇婷演夏醫師的繼室夏太太;魯直扮演一個遠自屏東來台北就醫的「麻子[23]」,最後非但「麻子」沒治好,反而麻上加麻。麻煩就大啦!

過去戴秉剛扮演的都是豪放大嗓門兒的英雄好漢角色,這次演個醫師,老毛病改不了。我們在排戲彼此對戲時,我就告訴秉剛:「你如果一直大聲兒,我就用小脆聲回應。」他說:「好。」於是我就變了個聲音。結果戲演出時,最討好的是我。

---

23 意指得了天花病以後,在身體與臉上留下了疤痕。

　　《明月杏林》演畢，蘇婷及小護士離隊，蘇婷是想在家陪他先生王大個兒，小護士又被「預訓部」請回去，因為她能演能唱。

　　《明月杏林》戲雖好，但必須接受一個事實，就是，這戲只適合在都市演出，其他地方難起共鳴。

　　眼看就要過「春節」了，春節過後緊跟著要到「金門」勞軍。隊上選了戲劇教育家王勉之教授改編的劇本《恭賀新禧》，沈勞導演，戲是以王宇為主。他飾演個好賭成性、年關到了所有債主都到他家來討債的黃老五，逼得他太太于淑萍（王昌幟的太太飾演）就將大陸帶來的「私槍」給拿出來想抵債。她的原意是想「賣槍」，結果就產生許多誤會。其中還有個冒充情治人員的丁三（魯直飾演）；戴秉剛演方老闆是賣肉的；我演楊老闆是賣菜的。問題一直到飾演王宇所演的黃老闆表弟（李子英飾演）回來將他在金門得獎的獎金還了債，壞人丁三繩之以法，私槍繳交警局，此劇圓滿結束。

　　戲是齣獨幕劇，所以還要加演相聲，由魏甦與陳逸安（特邀）擔任，還有歌唱等。準備周全後，此時我們話劇隊隊長洪濤（後來以中視電視劇《老狐狸》聞名）到差。大年初二就乘空軍C46運輸機到了戰地金門。白天，大伙兒分組到各碉堡表演，晚會再到某單位的司令台演出。

　　那會兒兩岸是「單打雙不打」（不知是誰協定的？）。就是一、三、五、七、九單數的日子，對岸的砲往金門打；我們二、

四、六、八、十也照樣回敬過去，你來我往熱鬧歸熱鬧。可是我們晚上演出常受影響，比方，我們正演到某個「笑點」時，好傢伙！對面砲彈打到我們附近，女生跟男生一樣立即趴下，等砲聲遠了，這再站起來拍拍身上的灰土，繼續朝下演；唱歌也是如此，比方，某女隊員正高昂地唱「舉杯高歌救國軍，灑熱血抗敵人……」時，砲打來了，趕緊趴下，沒砲彈啦，樂隊再吹，女孩兒再接著「糧缺彈少勇戰爭，聽歌聲壯烈入青雲……」照唱不誤。

　　我佩服那年頭兒的「軍中幹戲的」。

35

這次到金門，會自然想到前不久在砲戰當天被炸死的那個山外井邊挑水婦人，還會想到借我先看《藍與黑》的駐小金門的學長楊學忠少校。我更想到過去住山外時，「台灣銀行」駐山外的李汝明他們，那時只要空運好康到，就約我們去他們宿舍吃喝。現在再踏上金門，想到的、聽到的，都是戰爭仍在進行中壯烈悲慘。

記得抗戰勝利，好多中外電影描述中日戰場或太平洋戰爭的情景，我雖也在青年軍二〇八師當過兵，親身經歷過戰況，全不如「八二三砲戰」當天來的凶猛激烈。光憑著對岸「圍頭[24]」那邊的群砲連續發射，竟能讓我們在「山外」一個多小時內抬不起頭來。直到數日後，第七艦隊將二百四十公厘巨砲運到金門才壓住了對岸，戰況也開始扭轉。

我們的戴秉剛在八二三當時，能不顧個人安危跑出門外去搶救在哀嚎中負傷的弟兄。我一直都不能忘記此事，因為他做了我不敢做的。

在冷冽的戰地，雖有危險，但由台灣來的陸光話劇隊使軍民都受到了激勵，我們積極地配合金防部為我們做的安排。那幾位嬌滴滴的女同事，一到戰地，雖裹著軍大衣，卻與碉堡裡的戰士們聊天，說笑話給他們打氣，一點不覺得累，讓

---

24 意指從宋朝就已開始在寶安縣定居（即今日的深圳、香港原居民），住在村落裡的多是一個家族單一姓氏，並且建造圍村，演至今日稱為「圍頭人」。

戰士們知道他們不孤單，他們守護金門、烈嶼是為了保護家
鄉的父老。

晚上的金門，更在可能有砲彈打來的情況下，《恭賀新禧》
這齣戲還是照演不誤。晚會結束，回招待所有一段路程，只見
所經過道路兩旁的樹木下半身都塗了白粉。而所有軍車不但只
開近光燈，且近光車燈上半圓也漆成黑色，行進中，除非有月
光，否則只能行駛較慢。晚間宵禁，沒有「通行口令」寸步難
行。戰地的蕭殺之氣，我們很快就習慣了，甚或魯直與于恆的
嘻笑都減少了。我們知道，沒有金門、馬祖戰士們的堅守，台
灣怎麼會安全無虞。

在結束了金門的勞軍前，受到金防部司令官高度地讚揚我
陸光話劇隊。

全隊搭 C46 飛到下一站的澎湖馬公，我們只在「海軍修
船廠」下午有一場相聲及歌唱的演出。廠房式的禮堂擠得滿滿
的三軍官兵看演出，當然海軍的人最多，連窗子上也都趴著人。

車開在馬公中山堂附近，我想到幾個月前，離開戰火隆
隆的金門，剛到馬公中山堂休息時，我就跑到附近找了家西藥
房，告訴老闆：「我兩天來『小便』解得困難，痛！」他問我：
「有沒有『找女人』？」我說「我是剛自金門來，在金門我每天
睡眠不足，喝高粱酒、吃軍用牛肉罐頭」。老闆一聽，笑了，
給了我幾片「盤尼西林」加「維他命Ｃ」，叫我多喝水、多吃水
果、好好睡覺，明天就好。果然，第二天好了。現在我們軍車

經馬公中山堂附近，匆促中竟沒見到那間西藥房了。

　　大家在馬公，仍舊隨時吹著《桂河大橋》，自行編隊，一遍又一遍地吹口哨。經過的人，都好奇地看著我們，不止我們男女隊員這身軍裝，老百姓也覺得我們帶來了一份「戰時氣氛」。

　　我們到了澎湖的國軍公墓，心情更是沈重，向著這些為國捐軀的烈士行禮時，又自然地吹起《桂河大橋》，淚水也不由自主地淌下來。

　　連金門帶澎湖勞軍好像總共十一天，等回到台北木柵時，大家還都有點「恍範兒」（恍惚），是種說不出的木木的感覺。

　　再過了陣子，都市的習慣又回來了，錄廣播劇、看電影，找龔祥吃「上海隆記」等俗務纏身。

　　空軍總部大鵬話劇隊催我快點報到，我正式向隊長洪濤報告，我要離開陸光到大鵬，因為空軍總部已經給我批准為佔缺的「國防部聘雇空階少尉三級」（同陸軍上尉薪）的隊員。至於大鵬再津貼我兩百元的事，我沒好意思講。洪濤隊長體諒我，知道我在陸光是總部雇員，就放了我一馬。

　　臨別依依，是個說不出的味道。這些哥兒們，雖相處不過數月，卻幫了我很大忙，從根本上解決了我多年的「兵缺」煩惱，是我終生難忘的。

　　一九五九年四月一日，隊長洪濤派吉普車送我，老伙伴戴秉剛大哥及于恆「押著」我從木柵的陸光到台北新生北路、中正路（現在的八德路）口，空軍康樂大隊大鵬話劇隊報到。

36

　　進大鵬當天，高大熱情的姚展隊長見到我，握住我手說了一句：「你來啦。」這話，我期待了五年。

　　姚展隊長是抗戰前「上海美專」畢業的，在學生時代他與趙丹、袁牧之等就在上海搞戲劇運動，從業餘到專業，後來抗戰在「桂林藝術館」與歐陽予倩先生、柳亞子在一起，那時還有洪波[25]。姚展後來又擔任過重慶「抗建堂[26]」的經理，多少話劇團體都在那演出過。

　　還有趣的是，我一報到，住後院大鵬單身宿舍，要我先等著。李近大哥、李嵐、胡英[27]跟劉伯祺[28]等四位就到「新生社」對面的小雜貨舖，打了一大茶缸子「成家立業酒」，配上賒的滷菜算是為我接風。你瞧，那年頭兒！

　　據說「成家立業酒」是常楓大哥給取的名字，形容台北居、大不易，要想成家立業，就得省著點兒花錢。其實這成家立業酒，公賣局的正名是「當歸酒」也！酒難喝，但我仍大口、大口喝，因為，這是舊雨新知的心意。

　　晚上李嵐陪我到趙琦彬副隊長家吃王慰懷大嫂做的晚餐，聊天喝酒，那會兒趙府的「狗蛋」趙煥青才上幼稚園，後來長

25　香港影星，後因吸毒過深，跳橋自殺。

26　一九四〇年建造於重慶，是專供演抗戰戲劇、電影的劇場，為抗日時期重要的戲劇運動中心，被譽為「中國話劇的聖殿」。

27　一九五〇年在空衛司令部政治處，後來為編劇，華視節目編審。

28　原名「劉榮祺」，後來為康總總隊長、中製廠長及復興劇校校長。

大了從事音樂工作，兩岸跑。

我從那天開始，就算正式地佔空階少尉缺的國防部聘雇人員了。我在琦彬家搖個軍用電話到台中西屯，告訴小護士我已進了大鵬話劇隊了。這是我為自己努力改兵缺，再佔尉官缺「正名」的結果，此刻我寫這段五十多年前經歷時，想到那些曾在陸光及大鵬幫助成全我心願的哥兒們多已逝去了。

在大鵬我跟李嵐同房，原先我的那張床，是美術王善祥睡的，為了成全我跟李嵐「同居」聊天兒，王善祥竟搬到操場邊上的宿舍去。

我們住在康樂大隊的後院，隔壁右邊是大鵬京劇隊的花臉馬少昆（他爹是名淨馬連昆），左首邊是小生朱世友老師（富連成世字輩兒）住。那位京劇界素有戲包袱、戲簍子、鬼才之稱的馬元亮，住在大洗臉池斜對面的宿舍，他隔壁住的是做切末[29]的王文祺。

進隊的第二天，李嵐一大早，帶我到大隊部餐廳（也是京劇排練場）吃早餐，大伙兒瞅李嵐能來吃早餐，直說我的面子真大。

其實那天我早就醒了，不是勤快，而是聽到遠處有輕微熟悉的喊嗓子聲音，咦～～咦～～咦！嘎～～嘎～～嘎！我好奇地端著洗臉盆拿著漱口缸出來一看，「小大鵬」那些男孩兒、

---

29 京劇的道具，行話叫「砌末」，也叫「切末」。

女孩兒都在耗腿、下腰、喊嗓子，人不多，那早上我還看見了「小大鵬」的古愛蓮。

八點多之後，大伙兒陸陸續續地進話劇隊辦公室簽到。姚隊長為我一一再介紹隊上的這些同事。張冰玉跟我說「我們老姚總是念叨你」。這些位中，其實除了張慧姝、柳鶯（臧琢璞）、小范（范守義）、李振遂、梁燕民、余正谷、熊瑛之外，像常楓、張冰玉，可憐！我一九五二就與冰玉姊同台演戲，她竟然把我忘得一乾淨二淨。可是我卻沒見到井淼大哥、田豐、楊甦，一問才知，他們前不久都離職。除楊甦外，井淼與田豐兩位要到香港去發展。

記得一九五四在台北中山堂看大鵬話劇隊演出《樊籠》時，有井淼大哥、羅蘭大姊、楊甦，還有田豐，特別吸引我的是田豐的演技，現在知道他也離隊，心裡多少有點像被「閃了一板」似的。

37

一九五九年四月，中國發生了西藏人民反抗中共政府，我們稱為「西藏抗暴」。當時中廣於四月十九日（星期日）立即播出崔小萍的廣播劇《拉薩烽火》，我飾演西藏人民扎拉多。這算反共宣傳劇，應景。

小大鵬第五期招考了，那時社會的觀念已逐漸開放，有的家庭認為孩子既不想念書，學學戲也不壞；再有的是孩子自小就愛看戲、想演戲；有的是父母親愛戲；還有的是因為家庭因素，想將孩子送到小大鵬學戲。甭管什麼理由，反正考試那天，說玄了，真叫人山人海。我是就近在那兒湊熱鬧的人。看著一個一個的小蘿蔔頭，乖乖地杵在那兒，老師叫誰，誰向前應話：「郭小莊，妳想學京劇啊？」「朱錦榮，你幾歲？」「朱繼屏，要是唱戲，妳想唱什麼？」（朱繼屏就是後來大名鼎鼎的李璇）。

錄取之後，每天早上天不亮，女孩兒從銅山街走到大隊部的大操場練功。下腰耗腿，哭聲連連，劉鳴寶老師（李萬春的《鳴春社》出身）、趙榮來老師（尚小雲的《榮春社》出身）他們盯得緊，卻非常疼愛孩子們。更有那位愛好京戲的參謀總長四星上將王叔銘將軍，每早上班前，先到現場看看女孩兒、男孩兒們練功。

趙琦彬編劇、劉榮祺導演的《歲寒圖》終於要排了，看著隊上公布的演員表裡有：李振遂、范守義、柳鶯（北京人，早年在東北曾紅極一時）、趙莎、胡光（與我在裝甲兵水牛同隊過）、張慧（抗戰時在中電廠擔任演員）、張冰玉（滿映演員，

與香港電懋的劉恩甲同事)、李近、常楓(是前日本在滿洲國主持的劇團哈爾濱的演員)、李嵐及我。

《歲寒圖》我演個好吃懶做、不務正業、花言巧語，還外加挑撥是非的桑錦鴻。演出後，觀眾給的掌聲證明，我沒給推薦我入大鵬的姚展隊長丟人。之後，姚展先生是我一生敬重的長輩。

戲排完了，我們八月開始巡迴演出《歲寒圖》，先由台北松山軍用機場搭C46從台北飛至屏東，當時崔福生(金馬獎影帝)、沈毓立導演、高沖霄等，都還在屏東空軍「力行劇團」(業餘)，隊長是馬驤。之後我們再到高雄演出、台南演出。在台南的時候，我們住市區「空軍新生社」招待所，晚上在「空軍供應司令部」二樓大禮堂演出。到了供應司令部，我想起當年帶小護士在樓下跳舞的情境。台南對我有無法忘懷的深情，那熟悉的街道，那密布的電影院，那綠草如茵又有小坡的台南公園，都曾是我走過、又待過的地方。

晚上演出前，我在後台化妝時，張秀蘭(前跟我們赴金門的女孩兒)聽說大鵬來了，就到後台找我看戲，我們的演出一如往常，效果奇佳。意外的，散戲後張秀蘭的姊姊張秀玲竟然也來看戲，並至後台告訴我小護士的近況，說她此刻心情很壞，正在嘉義的姊姊家休假。然而，張秀玲卻不知她自己的妹妹張秀蘭也來看我。最後，我送張秀蘭回到她家門口，也就是《中華日報》的後面。

次日一早，我即趕往嘉義，找休假中的小護士。那天的午後，我倆坐在嘉義的中央圓環旁的咖啡館二樓。我對她要說的話在切入正題前，我想到四年前，我們同在嘉義內角營區一個團裡演出後，那晚我找同隊的一位也在追小護士的同事，我誠懇地對他表白，我說：「我知道你也喜歡她（小護士）。而我也早也就喜歡她了，但是，你是個好人，單純、長得又帥、待人誠懇，小護士跟你好，只是好上加好而已，這不希奇。可我孫越是壞孩子，我唯一做對的事，是愛上了純潔的她。你想，如果她跟我今後在一起，我會絕對因為小護士的善良純真而能改邪歸正。」

後來，他就退出了（若我是他就不可能）。

此刻，我倆在咖啡館，看著小護士，我想，當年父親遺棄我跟母親後，母子受苦的情形。心中暗想：孫越啊！我如果要跟小護士結婚的話，我就永遠不跟她離婚。

我緊緊地握著小護士的手說：「咱們結婚吧。」

38

　　兩天後，我邀著常楓、胡光、李嵐我們四人，由台中水湳機場招待所乘車到西屯預訓部的康樂大隊。常楓、胡光與預訓部大隊長武光友是舊識，李嵐是我邀他陪著我去。

　　四人下了車之後，還要走段稻田，他們邊走邊笑著，李嵐說：「咱們今天是陪孫越見他老丈人來了。」先得走莊稼，說不定，待會兒還要有「刀斧陣[30]」等著咱們！說笑間，遠處就見一個騎單車戴著大草帽的女孩兒從田埂上過來，近了一看，是小護士，她來接我們到隊上。

　　那天的午餐，在武光友大隊長家裡吃，武光友跟他太太好像隨時都在觀察我（只因小護士是他們的乾女兒），別人有說有笑，我是亂不自在，偷偷地我用「會中語[31]」告訴李嵐，我說：「幸虧他們還不是小護士的親爹娘，要是，準給我來個『三堂會審』！」。李嵐回了一句：「你要不要現在就退婚？」我踹了他一腳。

　　那晚我們是在台中糖廠大禮堂演出，演出前，當年二〇八師跟我一起演戲的同學黃巍來找我，我介紹小護士給她認識，黃巍偷偷捅了我一下：「你小子走運啊！」我回了句：「這叫狼走天邊吃肉。」沒說「狗走天邊吃屎」。

　　我們離開台中後，下一站是新竹。晚上演出結束後，盧碧雲大姊的先生黃飛達將軍請我們到他們家吃消夜，之後回招待

30　京劇《十老安劉》裡老蒯走刀斧陣。
31　三〇年代，平、津講的學生黑話。

所就都睡了。誰知，半夜下起豪雨，雨聲之大，如同天要塌下來，無法入睡。

第二天得知中部因豪雨已為水域，尤以彰化最慘。這就是著名的「八七水災」。

我打電報到台中西屯，兩天後小護士才報平安。

我跟小護士預計十一月初結婚，回台北後，我要填寫兩人資料，呈報到總部。那年頭兒軍人結婚，先要調查女方背景，查查看是不是匪諜，或有沒通匪嫌疑。沒多久空軍總司令陳嘉尚將軍批下來「准予結婚」。

姚隊長帶我找地方印結婚喜帖，我跟小護士的朋友，多半都是我們過去的同事，很簡單：陸光一批、預訓部康樂隊一批，再加上大鵬的同事以及從前在外面的一些幹戲的老朋友。但事先跟這幾個隊的好友話說在前頭，請大家幫幫忙，結婚前十天要先收禮金好辦事兒。

在延吉街秦家豆漿店的斜對面巷子裡，我找到房子，平房，大概八坪左右，沒廚房、沒廁所，出門七步就是稻田。二房東王先生是和善的好人，職業是送報的。

房子訂好，我通知小護士，她第二天下午由台中穿著軍裝趕來看我們的「新房」。進門時，在微弱的燈光下，就見她站在進門處，雙手扠腰、歇許，轉身推我出門，坐公車直奔西門町的漢中街買家具：床、柳安木衣櫃、書桌跟兩把藤椅、一個小方桌。一切完成，她當晚返回台中西屯，次日有演出。見她

匆匆獨自離開的身影，我知道，這是我的幸福。

政府此刻有了新規定，因「八七水災」之故，全民應共體時艱，自即日起，看電影、看戲要都加兩塊錢的娛樂捐。軍、公、教人員無論婚嫁、喜壽宴會請客，均不得超過四桌，如有超過，主官記過。

這下慘啦！政府這一規定「只能四桌」，老實說，我們已經事先收了一百多位同事的禮金，這該咋辦？

大鵬話劇隊的同事余正谷見我每天如坐愁城，他跟我說：「孫越，別急，我想辦法。」

那會兒送禮，軍中劇隊一般人情送六十元，交情深點的送八十到一百元。其實那等於半個月或半個多月的薪餉了。

余正谷自從答應為我辦一百多人酒席，還要不違規，我真不知他葫蘆裡賣的是什麼藥。

我從上海帶出來的世交吳振芳弟自新店趕來，為我家安了個釘在牆上的小化妝台，並請他的好友呂春，負責黑頭汽車當禮車，接送我們。

二〇八師的老同學張炎在西門町昆明街最熱鬧的地方開「黑貓照相館」，一口答應婚紗照免費。

大喜之日，我起個早，緊張多於興奮，到處轉，哪兒都幫不上忙。我的隊長姚展跟美術王善祥為我整理布景，重新繪畫，布置結婚禮堂。余正谷忙到不見人影。再有政工幹校八期的四大金剛：崔福生、沈毓立、朱磊、張瑄四位，提前下課趕

我與小護士的結婚照，一九五九攝於二○八同學張炎的黑貓照相館。

到大鵬為我幫忙招呼這些幹戲的老哥兒們，我什麼事兒都插不
上手，都說我是愈幫愈忙，別跟著攪和。

好容易熬到下午，李嵐帶著我坐著黑頭大汽車，去到王
婉貞家接小護士到西門町黑貓照相館，車上綁著紅彩帶，誰看
都很神氣，可我心頭如熱鍋上的螞蟻。我擔心政府規定四桌，
余正谷硬要給我變成一百多號人吃，而又不受罰。媽呀！這喜
筵，我們大隊長傅光閭、隊長姚展他們記不記過，就全在余正
谷這小子的身上了。

在黑貓拍完結婚照，老闆張炎將店門一鎖，擠入我的黑頭
汽車跟著一起來吃喜酒。十一月天暗得早，遠處一輛三輪車停
了下來，竟是我的老大隊長王生善，此刻，我既感動，但又擔
心趙琦彬、張永祥會對他有所反應。因王生善在政工幹校開始
成立第一期時是擔任輔導長，趙琦彬、張永祥他們曾是山東流
亡學生在澎湖，被李振清司令官整過，不當兵就視為匪諜，王
生善負責他們思想考核，彼此有著極不愉快的經驗。此次在我
婚禮上出現，我一直揪著心，還好，那晚平安無事。

在我們還未進禮堂時，老同事馮玉芬特別從澎湖搭飛機趕
來吃喜酒，遠處就聽她扯著嗓子叫「妞啊」！這是那年頭兒大
伙兒對小護士的暱稱。

我的伴郎煩請丁強[32]，小護士伴娘是王婉貞；男、女介紹

---

32 一九三六年生，為電影導演、演員及電視劇製作人，二〇〇一年憑《記
　住、忘了》獲得了金鐘獎最佳男主角。

人是劉伯祺、胡英；男主婚人是我的隊長姚展、女主婚人是小護士的大姊（中學音樂老師）；證婚人傅光閭大隊長；夏祖輝負責音樂。

　　婚禮在輕鬆熱鬧中進行火速，卻被後來李嵐這小子歪曲事實，拿小護士的大姊講的勉勵話，改成為「今天，舍妹與孫君結婚，舍妹什麼也沒有，只帶來兩個孩子」。往後，李嵐哪兒人多，他就在哪兒講這笑話。

39

其實婚禮很簡單,各說幾句廢話很快過去了,但我心仍忐忑異常,因為接著就是開「喜筵」。喜筵就要見真章,這是一翻兩瞪眼的事。

招待的哥兒們此時請大伙兒到操場上暫時休息會兒,禮堂要改為喜筵的餐廳,抽菸的抽菸、聊天兒的聊天兒。

十分鐘後,招待一吹哨兒,就像緊急集合,這群賓客們全擠進了禮堂,等伴郎、伴娘陪著我們再進來時,啊!由禮堂到話劇隊的門打通了,只見長長的U字型餐桌,擺在大伙兒的眼前。U字型餐桌正中間配個圓形桌面,這一百多位全能面對

我與余正谷。一九五九年台灣「八七水災」後,政府規定任何婚嫁喜壽宴會,請客不得超過四桌,否則主管受罰,我請了一百多位好友,竟沒事,余正谷(大鵬同事)大大功臣也。

面地坐下。你說它這是一桌也好，是三桌也好，總之，反正沒超過四桌，完全符合政府的規定。這就是余正谷的能耐，他負責的酒席更讓賓主盡歡。余正谷，我會記你一輩子。

大家吃罷，我感激這些好友。在回延吉街新房時，黑頭大汽車塞得滿滿的，說要去我家「鬧洞房」。

照說，鬧洞房是親友、小孩子鬧新娘跟新郎。我們的「鬧洞房」可好，是魏甦、丁強、于恆、戴秉剛鬧魯直，魯直怕癢，這是他的罩門，你手還沒到，他已經開始渾身酥麻發癢了。如是，鬧了一陣子，就見魯直在地上打滾兒，最後人睏馬乏，魯直帶著一身我們新房地上的泥土，也半醉而歸。

這才剛將洞房的門關好，門外又有人輕輕地敲門，開門一看，是二房東送報的王先生，他帶著羞澀的歉意說：「我剛才去空軍新生社吃喜酒，吃到一半一看，來敬酒的新郎不是你孫越，我就回來了。」順手他就遞給我個紅包，我跟小護士說什麼都不收，最後他臉紅脖子粗地說：「這是我吵架跟人要回來的禮金，你們能不收嗎？」

那晚我脫了龔祥借我的西裝，好好疊好，內心百感交集。

老友龔祥為了借他的僅有的一百零一套西裝，他自己反倒只能穿襯衫、毛背心參加我的婚禮。今晚這桌喜筵及家裡的家具全是這些老哥兒們先送了禮金才辦到的，雖然王老宇寫了個兩百元（內收一直沒給）大禮，他來，比送禮更重要。還有，余正谷，這小子他怎麼能想出這麼個Ｕ字型長餐桌？

我結婚當日，王生善教授前來祝賀，與戴秉剛大哥互敬喜酒，一九五九。

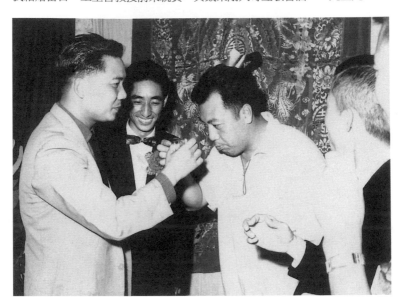

　　次日中午，我們請一桌答謝幫忙的同事，酒席設在話劇隊隊部，幫忙的同事全到了，連沒幫忙的李嵐也到了（當然是我邀的）。

　　好巧，海光話劇隊的劉維斌帶著他的新婚妻子劉寧聞風而至，一團喜氣。大家伙兒正吃之間，李嵐三杯黃湯入肚，開口說：「我跟你們學學昨天小尤她大姊在婚禮上的致詞，說『這次孫君與舍妹結婚，我們什麼都沒有帶，舍妹只帶了兩個孩子過來而已』。」大伙兒笑，小護士又氣又笑。這玩笑李嵐當著小護士的面一講，就算是「備案」了。

與我妻小護士合照。

　　小護士當晚有演出，吃完答謝酒，我送她到火車站，回台中西屯。隔了幾天她休假回家，也就在我們倆的新家，她說她要給我做飯，其實她只會做麵疙瘩，費了半天，做好一吃，我接著再來一碗。

　　為了表示我的勤快，最後將鍋碗筷子一收，拿了塊肥皂到門外，到那靠田邊的自來水管前去洗餐具。當我洗鍋的時候，覺得怎麼愈洗愈覺得不對，心想，她節省固然是美德，但也不至於花錢去買這種黑不溜秋的爛肥皂啊。

　　當晚睡覺前，小護士洗臉，一會兒就聽一聲大叫：「啊？我的黑砂糖香皂怎麼剩下半塊啦！」我沒敢言語，假裝睡著啦。

40

在忙我跟小護士的婚事時，我們大鵬話劇隊又進來了岳陽（魯湘生，姑父是當年十一戰區長官孫連仲上將）、盧迪（盧世傑）曾是二〇一師話劇隊演員，以及蕭宛堯（康樂總隊演員訓練班）三位。

顯然小護士在預訓部工作比我忙碌，她不在台北的時候，我除了看電影、看戲（空軍新生社介壽堂時時有京劇演出），到中廣或光啟社錄廣播劇之外，再不就是到隊上跟大伙兒聊天。下班後，我的隊長姚展先生就是我淘寶的對象。

在我看完陸光的話劇《釵頭鳳》第二天，發生了一件事。《自立晚報》記者白擔夫（後來當了導演改名為「白景瑞」），他看完了陸光的《釵頭鳳》後，竟然在報紙的劇評中說，演唐琬的王慕光長得「太肥」。

這下可好，你白擔夫罵我們王慕光，就如同罵了全陸光話劇隊，大伙兒都憋了一肚子火。好巧不巧，兩天後《釵頭鳳》演罷，全隊正要上車回木柵，就在中華路跟長沙街口碰上了白擔夫，二話不說，拖到地上就打。其實沒幾個人動手，白擔夫已被打得鼻青臉腫了，此時又見壯碩能打的謝以威用美軍大皮鞋的腳狠狠地要朝白擔夫的臉上踹下去，張永祥急忙一把，將謝以威一推，這才救了白擔夫的那張臉。

次日各報的影劇版、社會版都報導白擔夫挨打的新聞。

事發後，我買了一大籃子水果讓李嵐陪著到木柵的陸光去給大伙兒打氣，慰問大家。現在想想，真是，這都是什麼跟什

與白景瑞夫婦合影，攝於一九九四天津。

麼？受傷的是人家白景瑞啊。

我們大鵬新戲《百年好合》要開排啦。趙之誠編劇；常楓導演；我演個戲迷梅先生；柳鶯演我太太；還有胡光、趙莎、李近、盧迪、范守義、梁燕民、陶述、李嵐、張冰玉、李振燧等。

這戲裡我有個七、八歲的兒子，我們就找剛考進小大鵬五期的朱克榮同學做我的兒子。

戲裡有一段，我一出場，西皮[33]慢板我唱「昨夜晚，吃酒醉，和衣而臥……」。唱到西皮原板「桂英兒捧茶來為父解渴」時，我就說：「兒子，茶來……」此時演我兒子的朱克榮就要匆忙地端著茶遞給我喝。

話劇跟京劇不同，拿茶就得是真的茶水，克榮這孩子還小，每次端茶，總會不小心灑地上，不小心又灑點。後來，排完我就跟朱克榮說：「你端茶時候，要心裡有茶，手上有茶，

---

33 中國戲曲的唱腔之一，於明末清初時，盛行於武漢一帶，又稱「襄陽腔」或「北路」。因為湖北人稱唱詞為「皮」，所以他們把陝西傳來的的腔調稱為「西皮」。

但眼睛不要看茶。」這孩子聰明，往後，他上台端茶給我，茶就從沒灑到台上過。

《百年好合》排好，我們開始巡迴演出，朱克榮就天天跟著我，吃、住都在一塊兒。有一天晚上，在高雄，戲演完了，同學邀我到他家，我帶著朱克榮去啦，當時我們大人愈聊愈帶勁兒，就見這孩子在旁邊抽抽，最後竟哇哇地大哭，得！孩子要睡覺啦，帶他回招待所，他撒完尿，倒頭就睡。第二天，又是張甜甜的笑臉。那是一九五九年冬境天兒的事！今天的朱克榮老師已是兩岸傳統各劇種及古裝電視劇的搶手導演。孩子，還記得這段否？

話再說回來，結婚兩個多月後，小護士從台中回來，那天晚上她笑咪咪地：「孫越，我有啦！」那是一九六〇年初，我從沒想到我們有了孩子！嘎？我要當爸爸啦！

這之後，我就開始注意周圍有孩子的家庭，那時候，我還沒去過我們隊長姚展先生的家，只知道他家孩子多，卻也不知道他究竟有幾個。只知道，王凡大哥張媛姊家有王大為、王燕如，王亞如那會兒還沒出生；趙琦彬王慰懷家有趙煥青（狗蛋）；常楓張遙家有常中漢；胡光汪立芸家有胡樹人（金剛）跟貝絲。那將來我的孩子該像誰呢？後來再一琢磨，不對，我們的孩子幹嘛要像這幾家的孩子？

中國人最在意的過年，也就是春節。我心裡一直期盼著除夕，我跟小護士懷著我們的孩子到她大姊家過個有「家庭」感

一九五九年，「空軍大鵬話劇隊」演出《百年好合》劇照，我飾戲迷梅先生，
柳鶯飾梅太太。

話劇《百年好合》劇照，柳鶯（左）、趙莎（右），最中間小朋友是後來大名鼎鼎的傳統戲劇導演朱克榮。

覺的「年」去。

　　我十歲前，對過年也沒什麼特別印象，十歲之後我們母子被父親遺棄，每逢過年總是母親跟我兩個人。後來二舅知道了，開始每年年三十來家裡吃年夜飯，吃完之後，二舅就帶我（其實是我帶他）去當時天津法租界的戲院：明星、光明、新中央看好萊塢明星，埃羅爾‧弗林、詹姆斯‧狄恩或亨佛利‧保嘉的警匪槍戰打鬥的電影。再不就是，勸業場六樓「天華景」看「稽古社 [34]」張春華的《三岔口》、《三盜九龍杯》、《俠盜羅賓漢》（京劇版）。噢，對了，我曾跟母親看過尚和玉的《鐵籠山》，

34 稽古社子弟班，成立於天津天華景戲院，創辦人為高渤海，原擬設「華」、「承」、「稽」、「古」、「博」、「學」、「通」、「今」八科，之後經營艱困，於一九四四年解散。

父子同遊我童年常去的天津勸業場四樓的「天華景」、六樓的「天宮電影院」。

光個《大起霸》就夠我一輩子回味的。

　　我結了婚，將融入小護士的大家族裡，初初心裡擔心，怕自己野性太重，不易與斯文的老師們合群。結果那年，年除夕晚上趕到雲林的土庫國民小學小護士的大姊家（大姊夫吳又德是校長），那份不安及疑惑全都消失了不說，且在一餐年夜飯談笑之間，我已將吳又德大哥嚴肅的校長面紗給揭開了，讓他回到熱情豪爽的本來面目。

　　之後的幾十年間，我與吳又德大哥頻繁親密地相處，他真、爽朗，像位兄長照顧全家族，成為我無話不談推心置腹的敬愛大哥了。

41

　　自從知道我們將有孩子後，那心情真的無法形容的，很快我就要做爸爸，是種完全未曾想過、而現在必須要想的事。

　　懷孕四個月，小護士回家待產，我們這才算真正過個家庭生活，隊上已為我作保，可以分期付款買輛「伍順牌」腳踏車。領到車，上下班騎著就像常楓、趙琦彬、梁燕民、李近他們有家的人一樣地神氣。

　　想想也有趣，早上推車離家，在巷子對面秦記買一套燒餅油條往車籃子裡一放，一騎到康樂大隊的院子，下車推著，跟教小大鵬孩子們的趙榮來老師用老北京互道早安「早唉，您呢」、「吃了沒？孫越」。我從菜籃子掏出燒餅油條一亮：「您來點兒？」

　　有次，說話間董盛村（富連成科班盛字輩兒）來了：「董先生早。」「早，您吶。」「您這副嗓子也是祖師爺賞的，多少年沒變，當年您在搭馬連良馬老闆的班兒時，就是這副嗓子。」「您在哪兒看的？」「天津中國大戲院。」「嘿，真巧。得，您執公。」其實我這叫冒充大人，我看馬連良時，才十來歲孩子。

　　我從未有過「上班」的經驗，過去單身住宿舍，沒事就到隊上晃，看報、喝茶、聊天兒，隊上見人來人往的，也沒覺得是「上班」。因為除了隊長跟文書外，就連副隊長也沒辦公桌，那哪兒叫上班？可現在不同啦，「有家」住在外頭啦，早上再進隊，還真有上班的味兒。

　　我有家，家裡有小護士，而小護士肚子裡又有我們倆的孩

子。對我而言，這都是第一次，透著新鮮！小護士怎麼竟會真的跟我結婚了？

從談戀愛起，就沒人看好我們，等一說我們要結婚，更有幾撥人說：「最多三年。」當然也有說五年的，我們謹慎地過好我們「有家」的日子。

大鵬話劇隊給了我一個名正言順「身分」，大鵬給了我做演員的尊嚴，不用搬布景、道具，演戲就是演戲，而且待遇還因演技分等級，如同當年上海的「職業劇團」。

大鵬讓我在小護士的姊姊們面前可以抬起頭來，證明我是努力的。我上班時候，有了點「篤定」的感覺，那年頭我在軍中劇隊，就好像有了個「鐵飯碗」。

小護士自回台北後，過去第十軍同事郝秉超、張萼華夫婦邀我們與他們同住一個院兒。當然好，張萼華也曾是我們陸光話劇隊同事，一起住，更有個照應。

小護士每天一早起來，口袋裡帶十塊錢，拎著菜籃子就去中崙菜市場，先吃一碗冰，再買牛肉絲、青辣椒跟魚。青椒炒肉絲或雪裡蕻[35]炒肉絲，清燉或紅燒魚，再來個青菜豆腐湯。奇怪的是，原先她只會做麵疙瘩，怎麼一懷孕竟會青椒炒肉絲啦？

我開始陪她在空軍總醫院婦產科找婦產科王醫官做產檢，

---

35 又稱「雪裡紅」，為芥菜的一種，屬開胃菜的一種，且具有多種食療功效的食物。

胎兒一切正常，我們開心。

春末後，天氣轉熱，晚上沒事，我騎著腳踏車帶她就去松山玉成戲院看電影，再嘛就是基隆路和平東路跟樂利路圓環旁，有個聯勤福利總社辦的電影院去看電影，全是軍眷跟孩子們看。

可是一到禮拜天晚上，那是我倆的大日子，吃完了晚飯，先洗完澡，小護士拿我當個孩子，給我抹了一身「痱子粉」，連脖子都是一圈兒白的，呵！只覺通身涼涼地還帶薄荷味兒。這時候我們對著床頭的 HiFi 收音機，電風扇從側面兒吹著，我們心跳加速地等中廣公司八點的全國聯播，崔小萍的「廣播劇」于恆報幕。

完了就是九點十分丁秉鐩的《猜謎晚會》，晚會中偶爾會有香港影星出現，王豪的《天霸拜山》，四句西皮「保鏢路過馬蘭關，一見此馬喜心間，無有膽大英雄漢，不能到手也枉然」，每回從香港來台灣做宣傳，就這四句，後來管王豪叫「王四句」。

《猜謎晚會》最後十分鐘，也是最有趣的節目收尾，是王大空上場說下星期的「謎面」之後，接著就是與丁秉鐩鬥嘴，你來我往，真見「急智」與「見識」讓我們長學問。

再說每個月三十號晚上九點，還有軍中廣播電台的《三軍慶生晚會》。我跟小護士最喜歡的是主持人韓倩妮，健康、亮麗（看報上照片），她所主持《三軍慶生晚會》活潑、嘴甜又溫暖，老少咸宜，稱為「軍中情人」。

　　小護士雖然飯吃的不多，但人卻愈來愈胖，產檢王醫官告之，這叫「妊娠中毒」現象，要少喝水，不能吃鹹的，並且要提前住院。

　　此時，我們隊上正在排《薄海騰歡》這戲，當然又是反共的，我當然還是演壞人，叫吳寶山，戲很吃重。就這時候可好，同院郝秉超，他「聯勤」的公家宿舍批下來了，他們要搬走了。小護士預產期愈來愈近，我每天排完戲，就騎車趕到空軍總醫院陪她，她不吃正食，盡吃冰。

　　終於有天，王醫官告訴我：「就這一半天要生了，你們家還有誰陪她？」我答：「就是我一個。」王醫官又說：「怕有危險。」啊！那怎麼辦？還好，次日傍晚她才開始陣痛，她陣痛，我就猛抽菸，她痛，我抽。後來他們將小護士推進產房，我就只能眼巴巴地在走廊踱著步，還是抽菸。

　　等到凌晨十二點五十三分我終於聽到產房中嬰兒的哭啼聲。護士小姊讓我進去時，只見王醫官抱著嬰兒給我看，一瞧就像我，滿臉皺紋、大大鼻子的小嬰兒。

　　我接過我的兒子，我謹慎地抱給床上的小護士看，她疲倦地笑，我也跟著笑（也不會說句「辛苦了」的安慰話）。突然想到，該打個電話給我姚隊長，我說：「隊長，我生兒子啦！」

　　我視戲劇界前輩、我的隊長姚展先生如父兄，他與民國同年。

42

每天我們最盼的是嬰兒們吃奶的時間。只見我們這些爸爸、媽媽、爺爺、奶奶們，還沒到餵奶的時間，個個笑嘻嘻地湊在嬰兒室門外巴望著裡面的小嬰兒，一邊閒話家常，一邊用眼睛瞄著嬰兒房，就見護士們在嬰兒室裡面忙碌地將每個孩子按病床號碼順序抱到推車裡，之後再推出來。此刻所有人的眼睛又都跟著車子走。等輪到那一床，那一床的母親就乖乖坐到床前，接護士小姊抱過來自己的孩子。

小護士抱著兒子給我看，好認，其實我從嬰兒室裡就兩眼盯著我兒子，絕沒錯，一看鼻子就認得。小護士就對我笑著，看看兒子，再看看我，抿著嘴有點得意之色，難怪，頭胎生個兒子，那年頭兒誰不高興？

七月天，當時空軍總醫院沒冷氣設備不說，每個病床上還有一塊厚厚的乳膠墊，說是「美援」的，簡直是熱上加熱！小護士熱得又想吃「冰」，誰敢買？「坐月子」啊！

燠熱中在醫院過了幾天，王醫官查房時告訴我們，可以出院回家了。但是，王醫官又補了句話，因小護士產前有妊娠中毒現象，很危險，他建議我們，要生第二胎，最好是隔五年。所以，後來為了安全起見，我們女兒向瑩是隔了六年之後才出生的。

抱著兒子回家享受天倫之樂，沒兩天，我就要隨隊至中南部各基地巡迴演出，這回演的是《薄海騰歡》，我演吳寶山。

行前我已拜託隔壁的王太太及對門的王小璐跟李季夫婦，

合照：妹妹孫向瑩（左）、哥哥孫向竹（右）、後為媽媽小護士。

請多照顧在月子裡的小護士。

誰知，人算不如天算，颱風挾帶著豪雨，將台灣北部摧殘得很凶，特別是我們所住的，算是低窪地區，也就是現在八德路台北市監理處後面。

我們大鵬在南部巡迴演出，是晴朗的好天，根本不知台北災情如此嚴重。那會兒也沒電話可通，等十幾天巡迴完畢，回台北之後，這才曉得颱風挾帶著豪雨，我們那巷子都淹水了。

那夜，水位一點一點上漲，小護士生下兒子就自己沒有奶水，所以從醫院開始，我們就用「紅牛奶粉」餵兒子。颱風夜，停電，使房子裡的小護士下床沖奶粉就困難，等水位愈漲愈高，小護士抱著兒子只能坐在床上急得哭。她哭的是，若是水再漲高連床都會淹了，她跟孩子可怎麼辦？孩子哭是，早該吃奶的時候，而沒有吃到奶。

好不容易熬到天亮，隔壁的王太太邊叫邊涉水進到我們家。眼見小護士抱著兒子坐在床上，水位接近床邊，如此的慘狀，王太太趕快幫忙代替小護士沖奶粉。等孩子接過奶瓶，一口氣就喝完了，兒子不哭了，也累了，就睡著了。

王太太不時地來關心，水位從房子裡也慢慢地退去，風雨過後，小護士這才安下心來吃王小璐送來的飯菜。總之，那些天王太太送飯菜，王小璐也送吃的來。這十來天，母子竟是這麼過來的，一個「坐著月子」而丈夫卻出去演戲不能在身邊的小女人，跟兒子受了多少苦？

　　滿月之後，小護士的二姊知道她妹妹在台北過的日子，就開始找泥水匠給嘉義家後院要蓋間小屋估個價。談妥四千元台幣，木工師傅全包，連床帶桌椅衣櫃。

　　我們準備好了錢，一九六〇年九月，乘C47軍用交通機，由松山軍用基地到了空軍嘉義水上機場。我們二姊夫（趙醫官）家住嘉義中正路八號，那一帶，都是眷村，有空軍的、陸軍的，若干年後認識了王偉忠，才知道他們家離我們住的眷村很近。

　　年底我們又排了齣《四海歸心》，劇本是丁衣、高前、金馬、陳力群合編，趙琦彬導演，范守義的舞台監督，我演汪泯，甫問，還是壞蛋！演員有梁燕民、張冰玉、常楓、陶述、張慧、李近、熊瑛、盧迪、岳陽、張樹澤、胡光及蕭宛堯等一起演出。

　　從我們家搬到嘉義眷村後，台北我就又跟李嵐住一間宿舍。白天排戲，晚上到空軍介壽堂聽戲，姚隊長也是戲迷，常跟我與李嵐一起去，什麼海光、大鵬都看。那會兒最愛的胡少安的《大八義圖》、《審頭刺湯》；張世春、鈕方雨的《棋盤山》，只要不是青衣戲我都看。我喜歡吳劍虹《活捉》裡的張文遠、張劍秋的《群英會》的蔣幹、《審頭刺湯》的湯勤，以及《古城會》的李桐春、王福勝、陳慧樓飾演的馬僮。

　　差不多一個月我回一趟家，坐的是C47交通機，每站都停，幾次之後就膩了，還是平快火車好玩，坐車可以跟人聊天，還兼帶看風景。有回同座就遇上孫運璿部長的老同事王先生，還有一回遇上了某名伶的前男友，一路聊來，真是增廣見聞。

回嘉義看小護士跟我們兒子，是種說不出來的甜美滋味，所以，我愛搭火車，好跟陌生人聊天，以慢慢宣洩旅途內心的興奮。

回到嘉義，見到小護士，不一定馬上就見到我兒子。在眷村，一個孩子，就成為大家的孩子，妳抱過來、她抱過去，直到夜裡大伙兒要睡了，這才抱還給母親。

我這一回來，小護士趕快東找西找把兒子抱回來，等我將兒子抱到身邊。這小子，對我先是起一種陌生的抗拒，因媽媽在旁邊，他倒沒哭，總是對著我看了又看，愣愣的，不算太親。當大家晚上都要睡覺了，我也累了，我才剛剛一躺上床，就聽「哇」的一聲大哭起來，兒子堅決不准我在床上，甚或連自己的屋裡都不准我這做爸爸的待著。

秋涼的夜裡，我在院子裡抽菸，直等到孩子吃完奶睡熟了，小護士才讓我進屋睡覺。自覺剛剛入睡，就聽兒子又大聲哇哇地拒我於門外。兒啊！

43

　　現在「工作」和「家」分為兩頭，真能享受「在家裡」的日子每月不過三、五天，如蜻蜓點水般。

　　回嘉義，雖是與妻小相聚，要說照顧孩子，我還是得重頭學。譬如給兒子換尿布（那年頭兒的尿布，全是朋友家、鄰居家的孩子們用過的尿布，或是麵粉袋、棉質衣裳，剪成毛巾大小，給孩子包裹做為尿布），還要隨時檢查，看看孩子尿了沒有？拉了沒有？特別是冬天夜裡，不能讓孩子凍著，換下尿布，還得將小屁屁擦乾淨，跟著需要到水龍頭那兒去清洗尿布，之後再將洗乾淨的尿布放到屋裡那個小炭爐上的竹架上烘乾。

　　聽來簡單，可我這笨手笨腳的去做，多少總會出點狀況。小護士教了又教，我仍差錯連連。再說，調奶粉、餵孩子吃奶的事，奶粉經我手一調，變得桌上全是奶粉，還得趕快擦，免得給螞蟻吃；泡奶的溫度是多少，也是我老抓不準的事。直到我抱著孩子餵的時候，看著孩子邊吃邊看我，這才算真正有個片刻父子親情享受時光，多半那時我比兒子更早睡了。

　　在嘉義，一清早，我跟著小護士抱著兒子到左拐彎的寬巷子，也是眷村的菜市場，連買菜帶吃早點，什麼包子、饅頭、燒餅油條、米糕，再來碗鹹豆漿，比我在台北大隊部的伙食花樣多多了。

　　我的兒子都會被鄰居們抱來抱去，幾個月後，當他可以吃東西了，這些媽媽們什麼都餵他吃，幾個月下來，他胖了許多，還有人說他長得像美國的華倫‧比提。我看不像，他像我孫越。

　　小護士做事向來麻利、快。可是有一次，我從台北回嘉義，晚餐時我等了許久，她竟端上一大碗羅宋湯，這卻是我根本沒想到的事。她就是如此地神奇，常在無意之中，做出令你驚喜的事。她是那種默默地學的人，比方，我們吃人家的喜筵，每遇我特別愛吃或她覺得好吃的菜，她就會將菜用筷子挾進碗裡，細看食材，不日家中一道新菜上桌，甚或會比餐廳裡的更好吃，這是我的感覺。

　　在二姊家，我能亮出來的手藝就是包餃子，這是童年跟母親學的，雖然我包得慢，但跟大伙兒一比，包準比人家的好看。我不光包，還會唱〈賣餃子〉：「奴在房中包呀包那個餃子唉，提起了籃子去趕集兒，出了東拐門，噯噯，出了東拐門……」這是我住在鳳山灣子頭營房時聽白銀唱的，白銀後來進了中廣公司主持兒童節目《快樂兒童》數十年，甚受歡迎。

　　忘了打哪時候起，二姊家的小靖、小虹，隔壁劉家的姊妹及其他家的女孩兒們，都愛聽我講故事。「從前啊……」我講到最後，實在編不下去了，這才一轟而散。

　　等大伙兒都走了，小護士抱著睡了的兒子，帶著我，隨著二姊到另個巷口去吃那家好吃的米粉湯，這才算圓滿地結束了一天的生活。

　　通常我由嘉義回台北的火車上，點著菸，看著窗外景致，無論每站旅客是如何地上下，而我想的卻是母親若是健在，看到她自己的兒子也生了兒子，看到小護士如此體貼地照顧我，

看到我在舞台上扮演各種的角色，像《樑上君子》的包三、像《陌巷之春》裡那賣饅頭的小虎、《灰塵》中買賣贓貨的古老，她老人家吃著媳婦做的羅宋湯，母親一定會非常非常地高興。

每逢思念母親的時候，最常哼的是：「雁陣兒飛來飛去白雲裡，經過那萬里可曾看仔細，雁兒啊我想問你，我的母親可有消息……明知那黃泉難歸，我們仍在痴心等待，我的母親啊，等著妳，等著妳，等妳入夢來……」

當我擁有了幸福，多想與我那不幸的母親分享「兒時的情景似夢般地依稀，母愛的溫暖永遠難忘記，母親啊我真想妳，恨不能夠時光倒移」。

44

　　與李嵐同房，你會發現他是根本不吃早點的，那年頭兒也不興「不吃早餐，易得老人痴呆症」的說法，若不是排戲，他是打死不起床。

　　好！有天，我使了個壞，吃完早點，我就假裝是吃完「午餐」，進屋大聲打個飽嗝，剔著牙，嘴裡嘟噥著紅燒肉好吃啊，蚊帳一掀，像似要睡午覺。此時就看李嵐這小子，「噌」的一聲，從床上跳起，提著褲子就往外跑。但等他一跑出去，就覺著不對了，怎麼晌午飯都吃完了，這些小大鵬的孩子們還在練早工啊？李金和老師一瞅李嵐：「李先生，您今天起得可早啊。」這時李嵐又氣，又憋著笑，跑到餐廳抓了饅頭啃著，再掉臉回宿舍去捶我。

　　家搬到嘉義，台北我就又回到光棍兒生活，此刻，魯直已從陸光申請調到國防部康樂總隊；戴秉剛離開陸光到高雄第二軍團康樂大隊；于恆也從陸光調到空軍廣播電台，電台就在空軍新生社旁邊；陸戰隊話劇隊的金永祥退伍後，受聘進了行政院輔導會的康樂隊。有次我跟李嵐、岳陽去看金永祥他們隊的晚會，他跟焦姣（後為香港演技派影星）說相聲。平津一帶的孩子都是聽相聲長大的，而且都說得不錯。

　　有個無聊的夜晚，金永祥來宿舍找我們聊天，他跟李嵐是北平的同學。他來，正趕上于恆也在，此時金永祥手上拎了個照相機，我一看，就出了個餿主意。我說：「咱們來個『青春不留白』吧。」我叫大伙兒在我們小屋裡脫光了來張「裸照」，

一群老友相聚在新加坡，左起：毛威、王玫夫婦；焦姣與曾江夫婦；王芷蕾與我，當天曾江請吃消夜。

留作紀念。

　　這話一出口，除了于恆，全都贊成，我一看，別僵著，我說：「于恆，你先給我們照相。」于恆一聽，他不用脫，可高興啦。我們脫得光光的，擠在李嵐床邊，我還得手上拿床頭燈泡照著我們大伙兒的臉，這樣「光線」就強點。于恆左拍、右拍的，我說：「好啦，于恆，我們都拍啦，現在該你啦！」這小子說出大天來都不脫，大伙兒上去，不由紛說，三下五除二就扒了于恆的褲子。在笑鬧不情願之下，我給他拍了一張，嘴裡他還直嚷嚷著：「這要讓崔先生[36]知道，我就完啦！」

　　幾天後，金永祥拿著曝光的膠卷給我跟李嵐看，我說一定是你故意將底片拉出來曝光的。反正，咱們玩過「青春不留白」

36　崔小萍，政工幹校戲劇表演學老師，也是中廣公司廣播劇的導演，于恆是報幕。

了，但是，這事兒千萬不能告訴于恆，讓這小子仍在擔心他的「裸照」可能會曝光。

其實，通常我也不是那麼無聊，只不過偶爾「人來瘋」為之，年青嘜。

排戲之外，看好電影，看別的劇隊的演出，還在西門町看過演技派名演員李虹跟人家說相聲，那是裝甲兵捷豹康樂隊在紅樓的演出。還有，我最常跑的地方是「康樂總隊」，簡稱「康總」，因為魯直調到康總，我藉著看他，實際上是向一位大前輩請益。他就是默片時代的大明星，一九四九年我們同乘海宿輪到台灣的龔稼農（Robert）先生。

那時，龔稼農幾乎晚上都在宿舍，他口述，由幹校二期的好文筆陳順周為他撰寫「中國電影三十年」，刊登在每天的《中央日報》影劇版，非常叫座。之後再由蕭孟能的「文星書店」出版單行本。二〇〇二年，我在上海見到蕭孟能先生，他還說那是最完整的「中國早期電影」資料，彌足珍貴。

之前我只是「看電影」，卻無法了解演員的從影歷程與生活，讀了Robert（老輩兒）的中國電影三十年，多少了解了早期部分影人的工作及生活情景，並未像我想像的那麼浪漫。我向老輩兒最常請教的都是什麼「默片因無聲音表情，如何能讓觀眾對演員表演意圖有所了解，如；喜、怒、哀、樂時需要特別誇大嗎」；或「面對鏡頭的遠、近，表情會有差別嗎」；或是「當年您覺得哪一位演員的演技好」。老輩兒的答案常常變，

有時是王獻齋、金焰，有時是趙丹。

我又請問王獻齋是哪部片子演得最好，老輩兒說《古塔奇案》；那金焰呢？他說是《母親》；再請教趙丹是哪部電影好？他說《十字街頭》，還有《馬路天使》；我問那謝添呢？老輩兒說，謝添原來不叫謝添，叫謝俊。我再問他，謝添是哪部電影拍得好，他說他不記得了。我說，我看過謝添他在北平「中電三廠」的《聖城記》裡的神父跟《滿庭芳》裡的老爺爺。我說我喜歡他的《滿庭芳》，老輩兒說他沒看過這部戲。

如果是五十年後的現在，那我要說，謝添最好的一部電影是解放後不久拍的《林家舖子》。

之後一九六六年春，我在李翰祥導演主持的「香港國聯電影公司」做基本演員時，林福地導演《塔裡的女人》，我是演員兼副導演，龔稼農與胡蝶兩位大前輩客串劇中女主角汪玲的父、母親。閒暇時，他們總是聊著從前影壇的趣事，我更進一步了解到他們早年的從事電影的生活跟人際之間的微妙關係了。

一九六一這年，我們大鵬上半年巡迴演出了《春華秋實》，趙琦彬編劇，常楓導演，演員是：常楓、張冰玉、岳陽、張慧、張樹澤、李近、盧迪、熊瑛、梁燕民及我。我演的角色叫老顧。

六月初，趙琦彬讓我代他為台北內江街的「護理助產職業學校」（現在是「國立台北護理健康大學」）第十屆畢業班導張永祥編劇的《向陽門第》，這是我第四次對外導戲。一次岡山中學；一次台南工學院；一次台南聯勤橡膠廠；這是第四次。

一九六二年，我由趙琦彬推薦為「台北高級護理助產職業學校」導演《向陽門第》，後左一為趙琦彬，右一為孫越；前排中間坐的老太太是矯正我發音的陳端同學。

　　這些女孩兒的悟性很高，排戲也輕鬆，但沒想到在指導她們時，我念錯了一個字，經飾演劇中鄭老太太的陳端同學當場矯正，終生難忘，怪我只讀書，卻不知那是「破音字」，真難為情。

　　那年大鵬的第二齣戲是丁衣編劇、常楓導演的《十步芳草》，是個喜劇，我演個買空賣空的走私詐徒林兆強。後來有個劇評上說：孫越他演得很好，但一個走私詐徒，服飾該講究些，劇團應幫他做套像樣的西裝。

45

　　再回嘉義時，要吃晚餐，小護士又獻了紅燒肘子、雪裡蕻炒肉絲讓我吃吃看。她知道這都是我跟她常提起童年母親為我做的菜，還有青椒牛肉絲炒飯。

　　兒子在漸漸大起來之後，對我也開始熟悉而親熱了，我知道這是小護士時常地跟他說爸爸如何、爸爸如何的結果。我回家最常愛抱著兒子照鏡子，我照鏡子裡我們父子，兒子看看我，又在鏡子裡看看我倆，我覺得好幸福。

　　兒子外面的誘惑太多，一會兒這個姊姊要抱他，一會兒那個媽媽要抱他，也因此，他恃寵而驕不太愛理我。有回，小護士跟我站在孩子之間，拍著手，問我們兒子：「你要爸爸還是媽媽？」結果，兒子愣了一下，走去拉著媽媽的手再跑到我身邊，拉我的手，等他一手拉著媽媽、一手拉著爸爸後，他開始才展現他那稚氣的笑靨。此刻，我想到我自己的父親。

　　一九六二年上半年，我們大鵬演了《與我同行》，范守義導演，趙琦彬編劇，我這回演個有智慧又受過專業訓練的治安人員，破獲一宗匪諜案的馮大凱。演員表一貼到辦公室，大家笑了，說孫越這小子是不是「反間諜」？這叫壞人演多了的結果。

　　小護士又被請回預訓部康樂隊，她回「預訓部」兩天後，我打電話給她，她說，現在她可舒服了，咱們兒子在那兒比在嘉義更紅，她都不累。

　　我抽空請假到預訓部康樂隊探望他們母子，就見幾位同事搶著要抱他，宋培、劉立祖、黃家訓都在搶。不光是抱他，還要餵我們兒子飯吃。比方宋培抱著，黃家訓就向我兒子扮鬼

臉，我兒子一笑，順勢黃家訓就塞一口飯到我兒子嘴裡。每一早，天不亮，洪兆明大哥[37]就摸黑跑到伙房去舀米湯，幹嘛？給我兒子沖奶啊。

　　我也試著將我兒子帶回台北的大鵬宿舍。當天回台北，大隊裡，尤其小大鵬這些孩子們見到，誰都想帶他玩，他也開心地跟大伙兒玩。不過這是白天，當夜幕低垂，爺兒倆吃

37　洪化朗，後為童月娟的香港新華電影的製片，現與妻子趙素婷定居美國。

媽媽不在，父子在家看電視棒球賽。

過晚飯，之後慘啦！孩子累了，想睡，可是，說什麼他也不進我宿舍，甭說李嵐扮鬼臉沒用，就是跪下向他叫小祖宗都不進房間。怎麼辦？晚上大伙兒都睡了，我只好騎著那輛伍順牌帶著他滿處地轉悠，這小子真累了，在車上小腦袋不是左右晃，就是往前倒，驚險無比，卻也給我帶來點希望，加快腳力，帶兒子回宿舍。

　　等我悄悄地將著兒子剛剛抱到床上，我轉身脫衣裳，就聽「哇」的一聲，比唱花臉的馬少昆嗓門兒都大。得！抱著兒子推車再轉悠去。下小雨了，我怕雨再下大，一邊騎，一邊求兒子，我說我們下雨也不回去，我抱著你，等天亮了咱們找媽媽去。

　　那晚，若是警察巡邏，見到在中正路的新生社騎樓下坐著個服裝不整、抱著小孩的男人，那就是我。旁邊還有輛腳踏車。

　　天亮，坐火車到台中，再叫車到西屯，等我們下車進營房，兒子見到親娘又是一聲「哇」！大家笑我，我由心裡敬佩我的小護士，孩子的娘。

　　一九六二的夏天台灣有一份雜誌，我從它的創刊號買起，直到如今，若干年月恍似昨。每期都在文具店、書局或書報攤上買，沒訂是考驗自己對這份雜誌的忠誠度。

　　後來一九八三年我搬家時，將二十多年從創刊開始的雜誌都送予陳嘉男先生，他是我在寧安街的鄰居，是賣「滷肉飯」及「貢丸湯」的，他好學，我們談得來。當他得到兩百多本《傳

記文學[38]》時，甚為感激，我也自覺如「寶劍贈烈士」。四十多年來，我與陳嘉男先生仍時有連繫，這是《傳記文學》創辦人劉紹唐先生為我們建立的感情。

那會兒我在台北外務又多了幾項，康總編導高前接了軍中廣播電台的廣播劇製作人，常找我；貢敏接了民防電台的廣播劇製作人，也常有我；再加上中廣廣播劇跟主臨萬邦、光啟社的小小廣播劇；另外光啟社的文神父又常找我演電視劇。那時在羅斯福路、公館附近的光啟社排戲，龐宜安「台大商學院」

---

38 創辦於一九六二年，為具有「野史館館長」稱號的劉紹唐所創辦，宗旨
　　為提倡傳記文學，保存近代史料，其內容包括：人物傳記、歷史事件憶
　　述、歷史照片、日記、書簡等。

吃晚餐時最容易遇到多年不見的老友，左為龐宜安（老龐）、右為梅芳。

剛畢業，擔任助理導演，在植物園裡的教育電視台播出。

在當時，葉雯也是學校剛畢業，清純又活潑，第一次演出《黑貓》，她就飾演「黑貓」，初次演出，就有很好的成績，大家都喜歡她！之後她在台灣連續電視劇或單元劇方面走紅很多年。

我跟李嵐住一起，發現他很愛運動，打完籃球，一定回來脫下身上背心，再換椅子上的背心，如此周而復始，循循環環，絕不洗它。

我一進大鵬就知道李嵐他跟「德義當舖」熟，誰要當個當，就找李嵐，準當的多點。那會兒正是「君子常當當」的年代，錢一緊，就「當」！都習已為常了。

話說，馬元亮愛打牌，有一夜，他在外面又贏錢了，就愣把我跟李嵐叫起來陪他喝酒。哥兒仁在空軍新生社對面小店吃火鍋，吃得差不多了，就聽馬元亮一嗓子：「老闆，端鍋撤火。」嘿，這嗓子，真脆！就像小時候在北平，天津戲園子裡聽的一樣。記得有一回，我們話劇隊在空軍介壽堂演戲，當然我又是壞蛋，最後繩之以法，當我一被逮著時，就聽台下「呃，好！」，就是馬元亮。

他嗓子好不說，你還要會喊，同樣的「好！」到他嘴裡就不一樣，王鳴詠也是。這讓我也想到一九八三年在台北社教館（現在叫「城市舞台」），我跟恬妞主持第二十屆「電影金馬獎」典禮。那年我同時也是男主角入圍者，正當台上頒獎人要宣布：「得獎的是⋯⋯」就聽台下：「孫越！」這嗓子就是金帝在

牆根兒上喊的，脆！這要沒功力，亂叫、亂喊，就跟電影電視劇裡，觀眾看台上戲，瞎喊，行家聽了準偷笑。

　　夏天的傍晚，有回我竟沒出去，就從辦公室搬了張椅子坐到操場，搧著扇子跟我們軍士長蘇學正聊天。我愛問比我年長的大哥們一些掌故，他過去在軍閥張宗昌手下當過貼身衛士，又在昆明為雲南王龍雲「了過事兒」（解決問題）。你來我往地說到後來，我請問：「軍士長，你看看我孫越這個人？」他叼著菸，笑笑地看著我說：「你是個壞小子，總想走正路。」知我者，他蘇學正也！

與傅碧輝（左）、王莫愁（中）餐敘。

　　為了參加「國軍話劇聯合大公演」，我還得設法先在大鵬導一齣《鐘鼓樂之》，劉碩夫編劇。然後每天再到康總排戲，王生善導演，我演田箭直，一個報社記者。

　　後來十二月十九的《中央日報》劇評：「新聞記者田箭直由孫越演，輕巧地趨退了全劇的悲傷成分，也是調和全劇的成功角色。」參加的有：程弘、孫迦蕙、周靖生、王漢強、張鳳歧、劉笠、姜英、高振鵬、孟繁美、王宇、傅碧輝、劉楚、孫越、曹健、常楓、葛香亭、張冰玉、張慧、陳麗雲、魏甦、李文如等人。

　　《國恩家慶》後來在北投復興崗「政工幹校」演出時，還有一段插曲。

　　那天晚上，我演出前，康總的趙哈兒（趙振秋）到後台找我，他把我拉到一邊，說：「孫越，你想不想拍電影？」廢話，誰不想？

　　就這樣，我們的戲一散，跟大伙兒打完招呼，拿了盒點心，就朝外跑。一邊跑，一邊琢磨，今晚，滿台名演員都在，趙振秋為什麼單單挑我孫越？一定準是我等會兒要演個難演的角色。想著想著就已經衝出了復興崗政工幹校大門，這才邊跑邊將「點心盒」打開，一眼我就瞅見盒裡的「滷蛋」，跑著吃「滷蛋」還想著馬上拍電影啦！拍電影啦！吃吧，待會兒拍電影啦！

　　「糟糕，我沒法喘氣啦！」點心盒也丟了，我就手扶著電

線杆,努力地從嘴裡製造口水,吞啊、吞的,努力地吞口水。我想,孫越,我不能死啊,我要克服滷蛋,我連電影的邊兒還沒沾著,我就給滷蛋噎死,這像話嗎……

等趕到現場「老北投火車站」,坐著等他們外景隊,坐著、站起來走著,心裡還念叨,這叫好事多磨。等也沒等多會兒,才兩個多鐘頭後,就見一個長得黑黑的、用牙籤剔牙時露出滿口金牙的人,手上拿著化妝箱,接著一個一個的人都出現了,等劉維斌一到,我這自尊心才算又回來。

接著趙振秋陪著個女孩兒也來了,趙哈兒見我說:「孫越,你演個匪區深圳火車站的公安人員。」台詞呢?沒有!好!

我換共匪的公安裝後,我對那滿口大金牙的化妝師說:「謝謝你,請給我化妝。」他連看都沒看我:「你不用化妝。」簡單說,戲是我站在車站收票員旁邊,等著該戲的男主角劉維斌跟女主角出現。後來知道,女主角名叫陳方,現在是香港文化、教育界的才女,與港星唐菁結婚,婚後幸福。

「開麥拉!」等陳方、劉維斌難民打扮一走到我眼前,「卡!」,再給我補個特寫,表示我特別注意到這對男女。

我一拍完這兩個鏡頭,收工了。又是等半天,一位叫朱耕的過來跟我說:「越哥(嘴甜),今天預算不夠,你請寫下地址,我明天給你送去。」我等,我一天一天地盼「明天」。

人類的歷史,都是由每個「過去的明天」所累積的,這是一九六二年冬境天兒發生的事,我現在還在等。

46

小護士放棄工作回家啦，讓兒子有個真正父母在一起家的感覺。

丁強十年的「獻艦復仇」軍中服役期滿，退役離開了陸光，已在中影公司拍片。邀我與他合租一個獨門獨院兩間一體背對背的房子，是在吳興街九十四巷。巷子深處又有高明與柳鶯夫婦住，高明也是名演員，白天在省政府社會處上班。

小護士跟著柳鶯姊學會了做茄子滷麵，就算幾十年後的今天，兒孫們還是常常想吃她的茄子滷麵。

大鵬話劇隊來了一位小妹妹，雖瘦又小卻人見人愛，才十五歲，我們開玩笑就叫她「老歐陽」，她就是後來闖蕩日本歌壇大名鼎鼎的歐陽菲菲。

話說一九六三那年在台灣電影界，發生兩件大事。

第一件事，龔弘由行政院新聞局副局長調至中央電影公司任總經理。他開始推出台灣電影要走「健康寫實」路線。

第二件事，香港大導演李翰祥脫離邵氏電影公司，到台灣創辦香港國聯電影公司。這源起，還是因為李導演在「邵氏」所拍之《梁山伯與祝英台》在台上映反應奇佳，有些女性觀眾竟能連看數十遍。片子大賣特賣後，台灣因此而被香港稱為「瘋人城」。

我想起吉程弘大哥曾笑著對我說過：「幹戲的這行業，如跑江湖的人。不養老，不養小。」

是時候了，一天晚上，我請姚隊長下班後留下來，我有事

「軍中幹戲的如跑江湖，不養老、不養小。」這是吉程弘大哥說的。與程弘大哥排《國恩家慶》現場。

向隊長報告，我說：「我想到外面試試去。」他說：「沒問題，你先別離隊，你到外面拍電影，你去你的，要是有重要演出，你就回來演。」我說：「那不像是我，你准我離隊，我才能在外面放膽地闖。」歇許，他手扶在我肩膀上真誠地說：「孫越！

你現在有家了啊。」我回:「實情,我有『家』,這更給我向前衝的力量。隊長,我知道你對我特別照顧,我視你如我的父兄、老師,我們有說不出的親。我將來要用我努力的成績報答你。請你恩准我離開大鵬!」

後來我離開大鵬後,才進新生南路一六一巷的姚府。之後每年春節,大年初一,我們全家從早到晚都在姚展先生家過年。儘管姚媽媽那軟趴趴的飯難吃,但兩餐都忠心地吃完它。

姚隊長家中有三幅字畫,一幅是田漢所專為姚展寫的「斗方[39]」;還有一幅是柳亞子的條幅;另一大幅則是李可染畫的牛與小牧童在泥塘邊睡覺夏景。這幅不止畫,左款還密密麻麻地敘述他與姚展自小長大的遭遇,更提了幾件童年有趣的往事。

後來,一九七〇年姚展先生被檢查出罹患了肺癌後,只要我不拍戲,都會開車送他,陪他到榮民總醫院照「鈷六十[40]」,直到他老人家逝世。他的大女兒姚東靈第一次跳舞是我帶她到空軍新生社去學跳舞。近年姚隊長大兒子姚嘉陵博士的兒子姚沛林在台北遠東飯店結婚,我也是唯一的致詞人。

我答應姚隊長,我一定全部工作結束、包括金門勞軍後,再離「大鵬話劇隊」。

---

39 一般指二十五～五十厘米見方的字、畫作品,為書畫所用的冊頁。在民間的年畫、春貼中,把這種尺寸和形式的作品也稱作「斗方」。

40 放射治療,主要用於子宮頸癌、鼻咽癌及頸部腫瘤等常見癌症,鈷六十放射治療機能利用高能光子殺死癌細胞。

在大鵬，最後我所演的那齣是丁衣、金馬和高前合編的《除舊更新》，胡光導演。演員出場序：常楓、孫越、柳鶯、張樹澤、岳陽、盧迪、李嵐、李近、苗天、胡光、鄒慧敏、梁燕民、李振燧。你們知道後台的「效果」工作誰擔任？哈哈！就是十五歲的歐陽菲菲也！

《除》劇在《金門正氣中華報》的劇評：「扮演何寶銘的孫越，他把一個弱者的性格刻畫得無微不至。他的『只怪那口痰！』的重複語，對於他的個性刻畫，真可謂神來之筆。」

全島巡迴正常順利，到了金門，因為我們是話劇，所以白天沒事休息，島上天更熱，大家都睡午覺。唯有我們張冰玉姊，仍如往常到哪兒都是唱全本的〈梁祝〉，從「遠山含笑，春水綠波映小橋」，到《哭墳》……哇塞！大夏境天兒，冰玉姊唱得再好，飯後誰不想睡個好午覺？大伙兒剛剛要睡就聽她一嗓子「梁山伯一心要把英台訪啊，英台訪啊，離了書房下山崗，下山崗……」。這時候她還沒接著唱下一句，我就在心裡替她拉了過門兒，嘟哩咯嘟哩咯噹噹噹。

我看張冰玉中了〈梁祝〉的邪，我告訴你，連我們老歐陽也沾上了那股邪氣。冰玉姊在那兒唱：「一要東海龍王角，二要蝦子……」她也乖乖地坐那兒聽。若干年後，歐陽菲菲國際歌壇大紅大紫，絕非浪得虛名，憑當年她十五歲，就能耐性的學習精神，不教她成名，行嗎？

在金門太武山「毋忘在莒」前，我請人為我拍了一張照片，

一九六三年，空軍「大鵬話劇隊」金門勞軍，這是我在軍中劇隊十四年生涯的最後一張留影，攝於金門「毋忘在莒」。

第二輯　歲月如流，難得青年心爽快！

作為軍中生涯的最後一瞥。

　　一九六三年七月一日我離開了空軍大鵬話劇隊。正確地說，我是離開了十四年的軍中劇隊。

　　我由十九歲到了三十三歲，從一個無知的戲劇愛好者、學習者，經過多少前輩明的、暗的、正面的與負面的教導，才感覺自己慢慢地懂戲了。離開了軍中，這些前輩、伙伴與哥兒們仍還在軍中，內心多少又有背叛的感覺，但那句「軍中劇隊，如跑江湖的人，不養老，不養小！」使我警醒。

　　別了，我的「軍中劇隊」。

　　別了，滋養我的「軍中劇隊」。

　　孫越敬禮。

三代同為戲迷，我父親於《定軍山》飾黃忠（左）；我於《甘露寺》飾大將賈化（中）；我兒於《大溪皇莊》飾賈亮（右），此為合成照。

帶墨鏡裝酷與小護士相片合照。

一九六三之後

一九六三～一九七一

這劇照是我一九六三年離開軍中所拍的第一部電影《牧野恩仇》。左起：原森、周經武、明格、孫越、馬之秦、劉維斌、吳恆、湯生，導演為張曾澤。後來影片因投資人債務問題，而未能上映。

　　孫越的第一部電影作品為一九六二年的《白雲故鄉》，現在已經很難找得到這部電影；而正式離開軍中劇團跨進電影圈的首部電影作品則為在一九六三年的《牧野恩仇》，但當初因故而未上映。之後一共拍超過兩百部電影，多以扮演反派角色居多。一九六九年，孫越以《揚子江風雲》一片獲得第七屆電影金馬獎「最佳男配角獎」。

《牧野恩仇》劇照，左起：尤娟、孫越、吳恆。

上一孩子們小時候，左起：妹妹孫向瑩、孫媽媽、爸爸孫越、哥哥孫向竹，攝於台北光復南路「市民住宅」。

下一父與子，兒子小時候比我小時候「酷」，攝於一九六六冬，台北光復南路「市民住宅」。

香港影星「鍾情」合影於《浪淘沙》拍攝現場，後為演員高明，一九六五。

上｜中製廠拍攝由李明中篇小說所改編的《故鄉劫》劇照，相片內深色衣服
　　為張允文（左）、孫越（右），打赤膊者為歐威，攝於一九六五金門。
下｜楊甦導演的《陌生人》，左起楊甦、孫越、女主角甄珍，攝於一九六八高
　　雄澄清湖。

電影《血城》劇照，相片內為金塗，該戲為林福地所導演，攝於一九六八南
投竹山。

附錄　一九六三之後

電影《揚子江風雲》劇照，李麗華（小咪姊）與我，一九六九。

電影《揚子江風雲》劇照，楊群與我，一九六九。

上｜攝於中製廠配音間，這是李麗華（小咪姊）與我一起配《揚子江風雲》
　　的現場，一九六九。

下｜一九七〇年，我因電影《揚子江風雲》得到金馬獎最佳男配角，左起為：
　　孫越、最佳女主角「李麗華」（小咪姊），及最佳男主角「楊群」合影。

上｜與摯友何剛合影。何剛一生努力向上，並未得意，他敬我如兄，我視他
　　為弟，幾年前他因癌症離開了家人、離開了我，攝於一九六九北投公園。

下｜京劇《甘露寺》義演，左起：蔣光超飾喬國佬、魏甦飾孫權，孫越飾大
　　將賈化，後為王孫飾太后，攝於一九六九中泰賓館。

張曾澤所導演的《路客與刀客》劇照，我在電影中飾演的角色是「小辮張」，一九六九。

李翰祥導演的《緹縈》劇照，男主角王引，女主角甄珍，而我飾演的為茅山
道士，當然是要害他們父女的，一九七〇。

張永祥所導演的電影《一封情報百萬兵》劇照，與葛小寶合影，一九七〇。

趙群導演的《重慶台北》劇照，也是舞踏家江青離台前的最後一部電影，前排：魯直（左一）、沈雪珍（左三）、江青（左四）、李芷麟（左五）；後排：丁強（左一）、田文仲（左二）、張揚（左三）、歐威（左四）、吳風（左五），最後是孫越，一九七一。

與數十年老哥兒們戴秉剛攝於張曾澤導演的電影《紅鬍子》劇照，一九七一。

一九七二～一九八〇

與白嘉莉攝於《銀河璇宮》休息時攝，一九七二。

　　一九七二年，孫越與張小燕在台視白嘉莉主持的綜藝節目《銀河璇宮》首創短劇，轉往諧星路線，開始了電視圈的發展。而在一九七九年時，更與陶大偉、夏玲玲合作《小人物狂想曲》，其主要內容為短篇喜劇，造成了極大的轟動，更在一九八一年，獲得了金鐘獎「優良電視綜藝節目獎」。

張小燕、孫越在白嘉莉所主持的電視綜藝節目《銀河璇宮》的劇照，負責的
橋段為台灣電視綜藝節目首創，一九七二。

「橋段」三人小組，左起：陳君天、張小燕、孫越，龍思良攝影於一九七二。

我拍張小燕。

一九七二年，我在台視餐廳舉辦了攝影展，唯一的女主角是「張小燕」。

與張小燕攝於台視門前，一九七二。

上｜一九七七年在韓國拍片，與胡金銓導演合影留念。

下｜將台灣電影帶上國際影壇的明驥先生，左起：孫越、明驥先生、陶大偉。

綜藝節目《小人物狂想曲》三人的封面照：孫越（下）、夏玲玲（中）、陶大偉（上），在那個時代只有老三台。

上｜《小人物狂想曲》之造型。
下｜電影《空山靈雨》工作照，左起：佟林、秦沛、李麗娟、孫越，一九七九。

一九八一～一九八九

一九八三年，我與陸小芬同得第二十屆電影金馬獎男、女主角獎。

　　一九八一年，孫越離開了台視、電視圈，開始專心於電影的演出。同年，與陶大偉一起加入了剛成立的滾石唱片，錄製了後來膾炙人口的〈朋友歌〉，同時也受到陶大偉的影響，接觸了基督教，受洗為基督徒，爾後更隨著《宇宙光雜誌》參與多項公益活動，開始致力於公益推廣。更在一九八三年因《搭錯車》獲得第二十屆電影金馬獎「最佳男主角」。在演藝事業正達巔峰之時，毅然宣誓擔任終身義工，並規定自己一年中必須有八個月的時間用於公益推動的工作。到了一九八四年，成功戒去了長達三十七年的菸癮。

虞戡平導演的電影《大追擊》劇照，右為李立群，攝於一九八二台北五指山。

上｜於高雄電台宣傳，左起：孫越、友人、夏玲玲、鳳鳴台長歸來（歸亞蕾
　　父親）、陶大偉、虞戡平導演，攝於一九八一高雄「鳳鳴廣播電台」。
下｜與葉倩文攝於《七隻狐狸》外景現場，一九八二。

上｜我拍的唯一的一支商業廣告，賣咖啡，其中利潤部分捐贈公益團體，一九八二謝震基攝。

下｜與陶大偉一家同遊菲律賓擺勝灘，在我前面的小朋友是陶喆，一九八二冬。

朱延平導演的《迷你特攻隊》我的造型照，一九八三。

上│泰北「美斯樂醫院」門前，一九八三。

下│一九八三年，我抱病隨《宇宙光雜誌》「送炭到泰北」月餘，這是在泰北
　　與黃榮勇弟兄合影。

李祐寧導演的電影《老莫的第二個春天》結婚照，張純芳與孫越，一九八四。

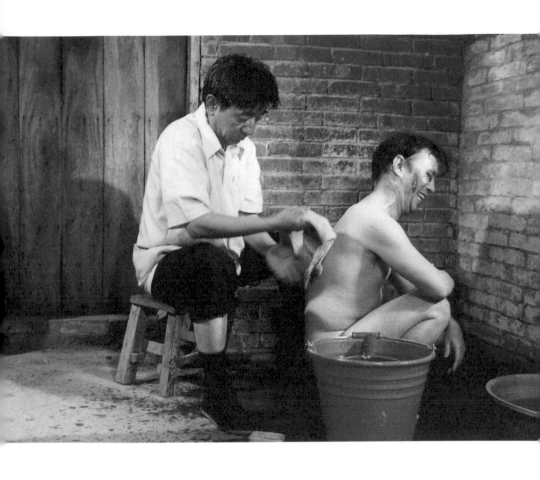

電影《老莫的第二個春天》劇照，相片內為好友陳慧樓，攝於一九八四六龜鄉。

附
錄

一
九
六
三
之
後

吳宇森導演的《笑匠》劇照，右為陶大偉，一九八四。

吳宇森導演的《笑匠》劇照，陶大偉、孫越，一九八四。

上｜一九八四年，我發起捐血活動，邀請羅大佑（左一）、劉瑞琪（左二）、
　　虞戡平導演支持。
下｜我發起「做個快樂捐血人」活動，邀楊麗花拍攝電視廣告，左二為葛福
　　鴻、左三為虞戡平，攝於一九八四光啟社。

上｜朱延平導演的電影《七隻狐狸》劇照，左起：爾冬陞、葉倩文、林青霞、
陶大偉、小黑柯受良、孫越，一九八五。

下｜拍攝電影《七隻狐狸與》時，與陶大偉（左一）、朱延平導演（右一）合照，
那時朱導還真年輕，帥啊！

電影《老科的最後一個秋天》劇照，左起：文英、李黛玲、我所飾演的老科，
一九八八。

這是我最後一部電影《兩個油漆匠》的最後一個鏡頭，一九八九年八月。

上｜為我最後主演的一部電影《兩個油漆匠》宣傳，該戲為黃春明原著、
　　吳念真編劇、虞戡平導演，左起：陳逸達、黎國媛（音樂家）、孫越，
　　一九八九。

下｜一九八九年，我離開演藝界，行政院新聞局為我舉辦記者會，右為新聞
　　局局長邵玉銘。

一九八九以後

陶大偉接受我在中央電台主持的《我要為你歌唱》節目訪問。

一九八九年八月二十二日，拍完《兩個油漆匠》之後，孫越在董氏基金會召開了「只見公益，不見孫越」記者會，宣布從此退出演藝界，全力投入公益推動。參與的公益活動包含了：基督教宇宙光全人關懷機構、董氏基金會、台灣世界展望會、基督教更生團契、安寧照顧基金會、天主教失智老人社會福利基金會、聯合勸募協會等，公益形象深植人心。在二〇一〇年時，獲電影金馬獎頒發「特別貢獻獎」。

上｜與老胡（胡茵夢）參加某項公益推動，拍賣名畫。

下｜無論什麼場合與小妹張艾嘉同場，就笑話不斷。

在與陶大偉一起演出的《空前不絕後》中之造型。

上｜因拍虞戡平導演的《海峽兩岸》才有機會相聚的五個人，江霞（左一）的演技好，葉楓（中）能演更能唱，林翠（右二）也與葉楓一樣，都是五〇年代香港紅星，楊凡（右一）則是家喻戶曉的攝影家。

下｜與周聯華（周爸）牧師合影，他是「藝人之家」創家的家長牧師，也是為我受浸的牧師。周爸在抗戰前是在大學搞戲劇的青年學生，當我與他還有陶大偉三人相聚時，多以滬語聊天，一九八九。

歌曲〈如果還有明天〉的主唱人「薛岳」。他在生命末期階段找我，說他要做
公益，我為他促成了他的心願，在國父紀念館舉辦「灼熱的生命演唱會」，由
董氏基金會主辦，一九九〇。

上｜偷得片刻，在公益廣告拍攝現場，與製作人王念慈（前）及導演虞戡平（後）合影。

下｜一九九一年，我們四人組織了一個「四合一佈道團」，至各地佈道，左起：寇紹恩牧師、孫越、張建中牧師及劉玉璞。

上｜老友合影，左起：李宗盛、孫越、曹啟泰。
下｜與東方比利合照。

友情深似海，左起：孫越、張小燕、陶大偉，我們共同拍攝「安寧照顧基金會」公益CF。

上｜隨「世界展望會」至辛巴威，親眼見到我們台灣同胞的愛心物資抵達機
　　場，在我的左手邊為眭浩平，一九九四。
下｜在非洲辛巴威探視。

上 ｜ 在非洲莫三比克對孩子們吹台灣民謠〈望春風〉，一九九四。
下 ｜ 至中國北方懷柔，為「希望小學」的小朋友們吹口琴〈望春風〉。

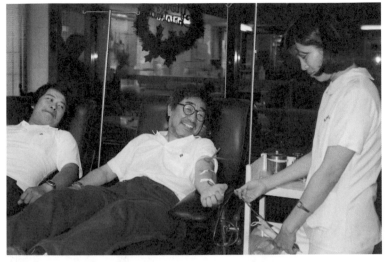

上｜在我滿六十五歲的生日時，最後一次捐血，一九九五。
下｜《孫叔叔說音樂故事》宣傳照，與鋼琴家葉綠娜、魏樂富教授合影。

上一我的公益伙伴，傻妞陳淑麗。我說我若做舞女大班，她準是湯團舞女，她在公益路上全心擺上終生不悔。

下一與《孫叔叔說故事》的創意人徐忠華導演（後左）他的妻子（後右）合影，前右為孫媽媽。

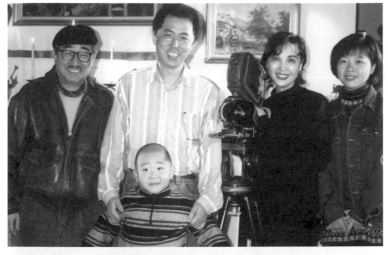

上｜朱延平導演（左二）支持公益，特邀郝劭文（前）一起拍攝董氏基金會
　　公益廣告，我（左一）與林清麗（右一）、陳淑麗（右二）特地前往探班。
下｜「傳神愛網」邀請瑞典重度殘障福音歌手蓮娜‧瑪利亞（Lena Maria
　　Klingvall）來台鼓勵大家，演出後合影，左起：王思敏、湯媽媽、孫
　　葆媛、孫越夫婦、黃麗穗老師、蓮娜‧瑪利亞、克緹國際總裁陳武剛，
　　以及傳神負責人李志偉。

上｜這是我老年的工作之一，在「好消息衛星電視台」與李晶玉及寇紹恩牧師傳遞好消息。

下｜與崔小萍先生拍攝公視《銀髮熟年》節目，攝於二〇〇六台中東海大學。

上｜二〇〇六年，台灣大學校長楊泮池教授不但證明我是COPD（慢性阻塞性肺病）患者，更提早發現我是零至一期的肺腺癌患者，於是以最快速度請李元麒教授將我的右肺上葉切除。楊教授是我一生的恩人。二〇一三年時，台大校長楊泮池教授與我仍在持續推動「COPD」預防時合照。

下｜每月醫我過敏眼疾的林志聖醫師，螢幕上放大的正是我的眼睛。

上｜張曾澤導演新書《預備，開麥拉》發表會，在台北國家電影資料館舉辦。
　　中為張導演夫人，我的老友李虹，二〇〇六。
下｜與潘壘導演攝於《文訊》敬老會場。一九六三年我拍潘壘導演戲時，曾
　　與他鬧翻，沒想到後來倆人竟成為好朋友！

左｜陶喆有心，常邀他老爸的好友餐敘，左起：孫越、陶大偉、張小燕、老
　　年見習生曾寶儀、朱延平導演、陶喆。
右｜爛人陶大偉拍照的習慣，攝於二〇〇九王念慈的「大好工作室」。

為「安寧照顧基金會」拍公益廣告，左起：陶大偉、張小燕、孫越，後為製作創意人「大好」的王念慈，二〇一〇。

上—好友陳武剛、黃麗穗邀我夫婦同遊日本京都，二〇一〇。
下—請瞧曹啟泰、夏玲玲夫婦的眼神。

上｜與影響我至深的「宇宙光全人關懷機構」負責人林治平教授到大陸演講，攝於二〇一一香港轉機處。

下｜寇紹恩牧師（左）：舞台電視導演、製作人：黃以功（右）合影，二〇一二，孫越攝。

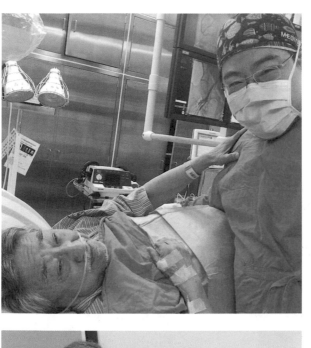

上｜高憲立教授為我心臟安裝了四根支架，使我可以暢行無阻地工作，攝於二〇一三台大心導管手術室。

下｜為我這COPD及心臟裝四根支架開刀的「榮總骨科部」主任陳威明教授，同時也是他為了提高我的生活品質，給我做了「人工關節手術」，二〇一三。

少年夫妻老來伴，楊淑儒攝。

老妻認為就算我行動不便也要帶我出來玩玩，賢妻啊。二○一二。

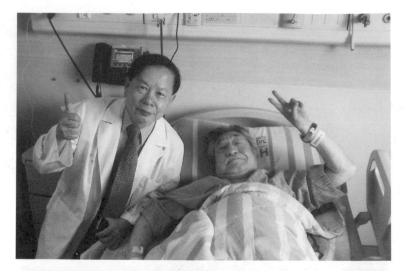

上｜「肝病防治學術基金會」董事長許金川教授，二〇一二。

下｜陶大偉病了，大家邀他出來散心餐敘，前排左起：孫越、陶大偉、王復
　　蓉、曾寶儀；後排左起：王念慈、我的妻子、張小燕、朱延平導演及姚
　　奇偉，二〇一二夏。

上｜熱心的朱延平導演邀我們相聚，前排左起：孫越、李行導演伉儷；後排
　　左起：巴戈、紀寶如、朱延平導演。
下｜我夫婦與王念慈及虞戡平導演餐敘，二○一二冬。

上｜二〇一三年母親節全家合照。
下｜與我兒子向竹攝於台北港。

上｜與我女兒向瑩攝於花蓮。

下｜看不出臨別依依，其實再過兩小時，我的雙胞胎外孫（後排左一、右一）就要赴美讀大學了。這是在外公外婆家與我們告別合影，後排戴帽子的是我的孫子。

「藝人之家」林慧君牧師繪，二〇一三。

後記　我最後的願望

　　早年有首流行歌曲，是周璇的《前程萬里》，這首歌可以代表在那個年代曾參與軍中劇隊的他（她）們的理想，是這樣唱的：「我們是年青的一群，有的是熱情和誠懇，打起了藝術的旗幟，展開長途旅行⋯⋯」

　　真的，縱然是遍地荊棘，這群年輕人，有曾參加過對日抗戰的、有參加過國共戰爭的，但他（她）們都無畏戰火、不懼生死，跟隨國民政府在一九四九那年撤退到了台灣。而在國家風雨飄搖之際，他（她）們更需在各地奔波，為的是配合國家政策。那是個國共誓不兩立的時代，他（她）們演出的戲碼是反共抗俄；之後，他（她）們又以寫實型態，描述了當時台灣的篳路襤褸的社會現象，有喜劇，也有悲劇，更有悲喜劇。

　　不過，之後隨著台灣的民心逐漸穩定，社會經濟條件也改善了，軍方和民間團體都有了電視，人人藉著螢光幕，可看到各型節目，因此當年軍中舞台的簡陋，便不再吸引觀眾。而這些當年隨軍來台的舞台工作者，也紛紛離開了軍中，但卻從未離開過舞台。他（她）們的舞台更加遼闊了，電影、電視圈都向他（她）們招手，跟著在商業取向下，他（她）們的發展，也就各自不同。再隨著時間再拉長，漸漸地、漸漸地，他（她）們都步入中年、進入了老年，昔日各自的風采，只有老友相聚之時，拿來作為茶飲飯後的回味。

　　更之後，隨著健康、隨著年邁，一位、一位也就揮別了人生舞台，誰還記得他（她）們？因為，昔日的觀眾也老了，也

走了。這是定律，沒人能逃離死亡。

麥克阿瑟將軍曾說：「老兵不死，只是逐漸凋零。」

我，一個八十四歲的老人，只覺得後死責任重，幸運的是現在我完成了為那個時代的軍中戲劇工作者一幅群相，略略地留下些許紀錄。我所經歷的，知道的都有限，所以能寫的也就是這些。

此願望能達成，我要感謝摯友《儂儂》的創辦人吳麗萍。

感謝「城邦集團」的發行人涂玉雲。

感謝「麥田出版」的主編蔡錦豐、美編黃暐鵬，行銷林芷儀與陳瀅如他（她）們的辛勞。

老兵

孫越敬禮

作　　者　孫越

責任編輯　蔡錦豐
美術設計　黃暐鵬
總　經　理　陳逸瑛
編輯總監　劉麗真
發　行　人　涂玉雲
出　　版　麥田出版
　　　　　台北市中山區104民生東路二段141號5樓
　　　　　電話：(02) 2-2500-7696　傳真：(02) 2500-1966
　　　　　blog：ryefield.pixnet.net/blog
發　　行　英屬蓋曼群島商家庭傳媒股份有限公司城邦分公司
　　　　　台北市民生東路二段141號11樓
　　　　　書虫客服服務專線：02-25007718・02-25007719
　　　　　24小時傳真服務：02-25001990・02-25001991
　　　　　服務時間：週一至週五09:30-12:00・13:30-17:00
　　　　　郵撥帳號：19863813　戶名：書虫股份有限公司
　　　　　讀者服務信箱E-mail：service@readingclub.com.tw
　　　　　歡迎光臨城邦讀書花園　網址：www.cite.com.tw
香港發行所　城邦（香港）出版集團有限公司
　　　　　香港灣仔駱克道193號東超商業中心1樓
　　　　　電話：(852) 25086231　傳真：(852) 25789337
　　　　　E-mail：hkcite@biznetvigator.com
馬新發行所　城邦（馬新）出版集團【Cite(M) Sdn. Bhd.】
　　　　　41, Jalan Radin Anum, Bandar Baru Sri Petaling, 57000 Kuala Lumpur, Malaysia.
　　　　　電話：+603-9057-8822　傳真：+603-9057-6622　電郵：cite@cite.com.my
印　　刷　中原造像股份有限公司
總　經　銷　聯合發行股份有限公司　電話：(02)2917-8022　傳真：(02)2915-6275
初版一刷　2014年3月

定　　價　新台幣350元
Ｉ Ｓ Ｂ Ｎ　978-986-173-908-3　Printed in Taiwan
著作權所有・翻印必究

如
歌
年
少

城邦讀書花園
www.cite.com.tw

國家圖書館出版品預行編目資料

如歌年少My Stage My Dream / 孫越著.
－初版. －臺北市：麥田出版：家庭傳媒城邦
分公司發行・2014.03
　面；　公分
ISBN　978-986-173-908-3（平裝）
1.孫越 2.臺灣傳記
783.3886　　　　　　　　　103002084

cite 城邦媒體 麥田出版
Rye Field Publications
A division of Cité Publishing Ltd.

英屬蓋曼群島商
家庭傳媒股份有限公司城邦分公司
104　台北市民生東路二段 141 號 5 樓

▼

請沿虛線折下裝訂，謝謝！

文學・歷史・人文・軍事・生活

麥田出版
Rye Field Publications

書號：RV1052　　書名：如歌年少

讀者回函卡

cite 城邦媒體

姓名：_____ 聯絡電話：_____

聯絡地址：☐☐☐☐☐_____

電子信箱：_____

身分證字號：_____（此即您的讀者編號）

生日：_____年_____月_____日 性別：☐男 ☐女 ☐其他_____

職業：☐軍警 ☐公教 ☐學生 ☐傳播業 ☐製造業 ☐金融業 ☐資訊業 ☐銷售業
　　　☐其他_____

教育程度：☐碩士及以上 ☐大學 ☐專科 ☐高中 ☐國中及以下

購買方式：☐書店 ☐郵購 ☐其他_____

喜歡閱讀的種類：（可複選）

☐文學 ☐商業 ☐軍事 ☐歷史 ☐旅遊 ☐藝術 ☐科學 ☐推理 ☐傳記 ☐生活、勵志
☐教育、心理 ☐其他_____

您從何處得知本書的消息？（可複選）

☐書店 ☐報章雜誌 ☐網路 ☐廣播 ☐電視 ☐書訊 ☐親友 ☐其他_____

本書優點：（可複選）

☐內容符合期待 ☐文筆流暢 ☐具實用性 ☐版面、圖片、字體安排適當
☐其他_____

本書缺點：（可複選）

☐內容不符合期待 ☐文筆欠佳 ☐內容保守 ☐版面、圖片、字體安排不易閱讀 ☐價格偏高
☐其他_____

您對我們的建議：_____

_____